스피릿

DISTILLED

by Joel Harrison and Neil Ridley

First published in Great Britain in 2014 by Mitchell Beazley, an imprint of Octopus Publishing Group Ltd,

Carmelite House, 50 Victoria Embankment, London EC4Y 0DZ

SPIRIT
스피릿

압생트에서부터 브랜디, 보드카, 위스키에 이르기까지

유니크하고 매혹적인 세계의 증류주

조엘 해리슨, 닐 리틀리 지음

정미나 옮김 | 성중용 감수

스피릿 SPIRIT

독주를 뜻하는 '스피릿'은
알코올 도수 20도 이상의
설탕을 첨가하지 않은
증류주를 말한다.

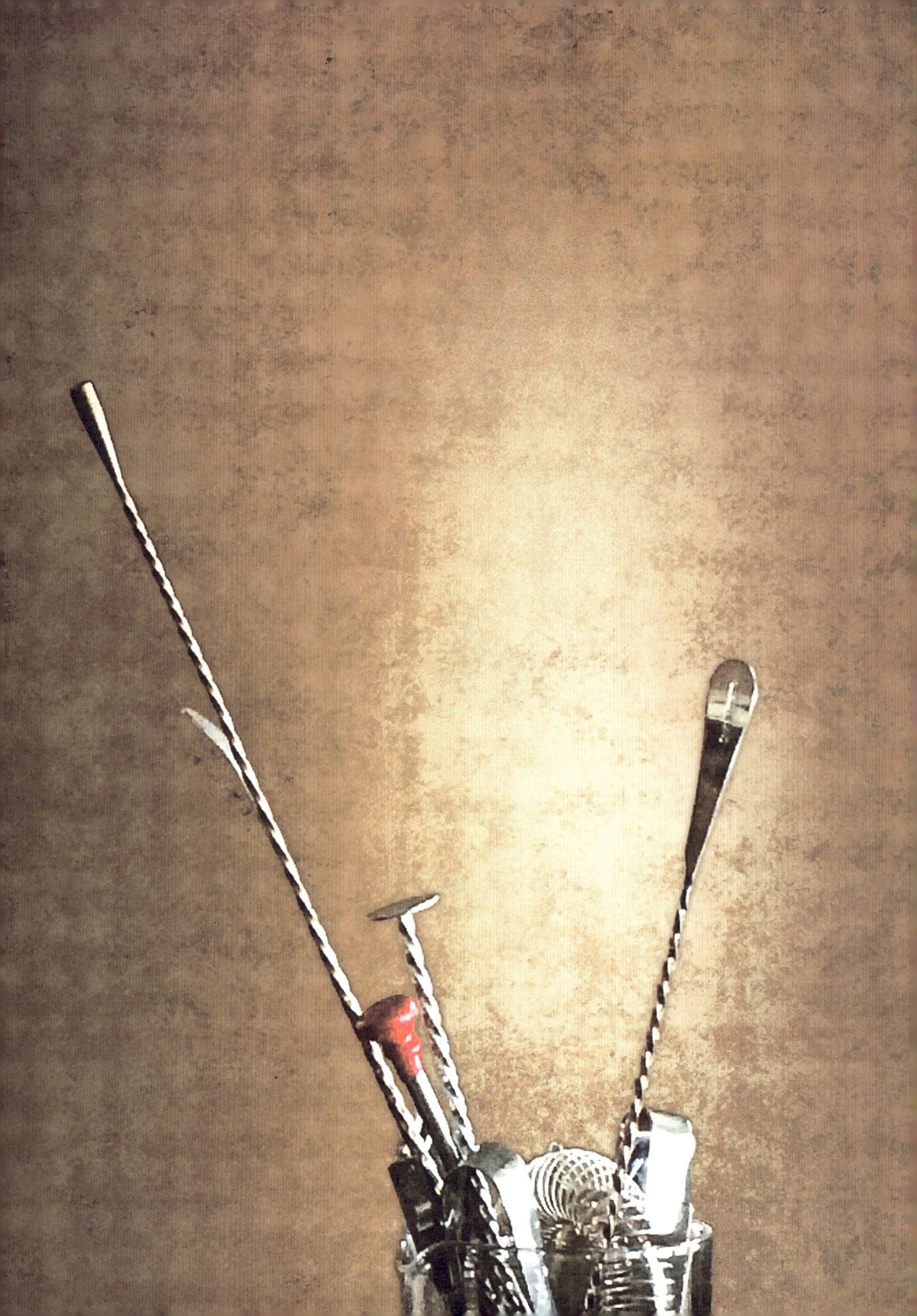

차례

들어가는 글
INTRODUCTION

이 책을 쓰면서 우리가 정한 목표는 하나다. 셰르파(히말라야 등반에 없어서는 안 될 등산 안내자)가 되어 당신을 증류주의 산으로 안내하는 것이다. 우리는 이제부터 보드카 바다를 항해하는 배의 선장 혹은 브랜디 정글을 안내하는 탐험가가 되고자 한다. 인도자가 되어 당신을 칵테일의 오솔길로 데려가고, 위스키에 대해 제대로 알도록 귀띔해주고 싶다. 그렇다고 해서 정보만 잔뜩 늘어놓을 생각은 없다. 이 책은 단순한 '위스키 안내서'나 '테킬라 교과서'가 아니다. 현재 시장에 출시되는 제품 가운데 가장 뛰어난 스피릿들을 직접 탐험해볼 수 있도록 이끌어주고자 한다.

앞으로 소개하게 될 스피릿 중에는 들어본 적 없는 생소한 이름이나 맛보지 못한 제품이 있을지도 모른다. 아직 그 이름이 널리 알려지진 않았지만 꼭 찾아볼 만한 훌륭한 술들이다. 이 책을 시티투어 가이드쯤이라고 생각하면 좋을 것 같다. 당신의 손을 잡고 부티크 샵이나 유명 카페, 빵집 등을 구경시켜주는 그런 가이드 말이다.

또한 우리는 몇몇 스피릿 제조 명인들에 대해서도 흥미로운 이야기를 들려줄 생각이다. 현재 스피릿 업계에는 전 세계적으로 창의성 높은 신생 소규모 생산자들이 속속 등장하고 있다. 이에 따라 전통적인 대규모 스피릿 제조사들은 이러한 신흥 다크호스 주자들과 경쟁하게 되었다. 우리는 스피릿계의 굵직굵직한 주연급들을 비롯하여 조연급이라 부를 만한 신흥 명인들도 조명해보고자 한다. 현재 이들은 주변부에 머물고 있는 브랜드를 제조하고 있지만 언젠가는 주 무대에 등장할 만한 잠재력을 가지고 있다.

우리 두 사람에게 이러한 새로운 스피릿 세계의 탐험은 말 그대로 깨우침을 얻는 시간이었다. 우리는 이 깨우침을 통해 발견한 보석들을 각 챕터 마지막 부분의 '추천 10선' 코너에서 소개하고자 한다. 선정 기준은 '최고'보다는 관심을 끄는 쪽에 중점을 두었다. 또한 각각의 챕터마다 '인터뷰' 코너도 마련해놓았다. 현재 스피릿을 만들거나 이 분야에서 일하는 이들 가운데서 흥미로운 인물들을 만나보는 시간이 될 텐데, 이들의 이야기를 듣다 보면 마음이 동해 직접 만나 한두 잔 마시고 싶은 마음이 생길지도 모르겠다. 여기에 덧붙여 우리가 소개하는 이 뛰어난 스피릿들을 당신이 실제로 마시게 될 순간에 우리만큼 큰 즐거움을 느낄 수 있도록 최대한 많은 팁을 실어보았다. 꼭 맛봐야 할 최고의 칵테일 레시피에서부터, 사랑스럽고 근사한 스피릿들을 그 가치에 걸맞게 음용할 수 있도록 도와줄 간단한 요령과 의식 및 서빙법 등이 바로 그것이다.

어쩌면 우리가 선별해놓은 스피릿에 고개를 갸우뚱하며 다른 의견을 내놓고 싶을지도 모르겠다. 그것이 바로 우리가 바라는 바다. 당신이 이 책을 읽으면서 자극을 받고 직접 스피릿의 바다로 항해를 나서길 바란다. 가능하다면 의욕이 넘치는 유능한 동료 선원들과 함께하기를!

스카치위스키 제조의 명가 컴파스 박스(Compass Box)에 몸담고 있으며 우리의 좋은 친구이자 마스터 블렌더(Master blender)인 존 글레이저(John Glaser)의 말마따나, "무엇보다도 함께 나누고 즐기는 것이 가장 중요하다."

조엘 해리슨, 닐 리들리

이 책의 구성 – 스피릿 애호가를 위한 간편 가이드

한 권의 책에 전 세계 모든 스피릿의 특징을 담는 것은 불가능한 일이다. 그래서 우리는 주류 매장에서 찾을 수 있을 만한 스피릿을 중점으로 소개하고자 하였다. 각 스피릿별 챕터에는 적절한 기회마다, 대표적인 제품들과 함께 비슷한 제조법이나 풍미를 지닌 다른 제품들 몇 가지를 함께 소개해놓았다.

또한 각 장마다 해당 스피릿에 대한 정보를 요약한 '키 포인트' 꼭지를 마련해, 그 스피릿의 세계에 본격적으로 들어가기에 앞서 미리 알아두면 좋을 만한 기본 정보를 간추려놓았다.

'키 포인트'의 구성
↓

이름: 스피릿 중에는 명칭은 같지만 스펠링이 다른 것도 있다. 여기에서는 이러한 명칭의 역사적 유래를 설명해놓았다.

기원: 모든 스피릿에는 시작점이 있다. 이 항목은 해당 스피릿을 최초로 제조한 곳을 밝히는 자리다. 브랜디나 위스키 등 일부 스피릿의 경우엔 몇몇 나라가 서로 자신이 원조라며 기싸움을 벌이고 있기도 하다.

색: 시각적 측면의 가이드라인이다. 당연한 이야기이지만 모든 스피릿은 저마다 고유의 독특한 빛깔이나 개성이 있으며, 이는 나무통에서 보관하거나 숙성시킨 경우일수록 특히 더 진하게 드러난다.

주요 제조국: 해당 스피릿이 현재 가장 사랑받고 있는 나라를 알려주면서, 대량으로 생산, 판매되는 거대 브랜드부터 일일이 수작업으로 병입하는 소규모 증류업자까지 두루두루 소개한다.

최대 판매 브랜드: 어떤 브랜드가 최고의 자리를 차지하고 있는지 소개한다. 다만, 이 항목과 관련해서 한 가지 당부하고 싶은 점은, 대중에게 인기가 없는 브랜드라고 해서 시시한 것으로 치부해서는 안 된다는 것이다.

주원료: 주원료는 전통적으로 스피릿을 제조하는 장소에서 자라나는 작물의 종류에 따라 결정된다. 현재는 스피릿계의 풍토가 변화하여 포도에서부터 곡물, 감자, 자두에 이르기까지 다양한 스피릿을 제작하고 있으며, 이는 스피릿의 풍미는 물론 경제성 측면에까지 큰 영향을 미치고 있다.

증류주의 역사는 미스터리하며 동시에 흥미롭고 모호하다. 이는 전 세계 모든 나라에서 전해
져 내려오고 있는 전통적 증류법을 기반으로 각 나라별 특징이 더해진 결과다

불로장생의 약

↓

스피릿은 처음에 치료약, 특히 사교를 위해 취기를 돌게 만드는 약으로 애용되었는데 정확히 그 시기가 언제인지 콕 집어 단정할 수는 없다. 당시에 사교를 위해 술을 마신 이들이 다음날 필름이 끊기거나 하지는 않았을지 궁금하다. 아무튼 고대 이집트와 중국의 기록에 의하면 고대인들은 약초, 향료, 풀에서 방향유를 추출하여 알코올성 음료보다는 약이나 만능의 영약, 향수를 만드는 데 활용하였다.

현재 스피릿의 생산 과정에서 이용하는 장비 대부분은 기술이 현대적으로 발전되었을 뿐 수백 년 전과 비교해 크게 변하지 않았다. 고대 그리스인들이 사용했던 것으로써, 그 모양이 전통적 형태 그대로 쭉 이어져온 단식 증류기(Pot Still)가 그 한 예다. 중세 초반에는 동결 증류(Freeze Distillation)라는 기법이 등장하였는데, 물에서 알코올을 분리시키기 위해 용액을 냉동시키는 방식이었다. 추운 지방에서 사용하기 적합했지만 안정적으로 생산하는 것은 불가능했다. 하지만 현재는 이 방법을 통해 안정적으로 스피릿을 제조할 수 있다.

알코올 농도를 높여주는 것 외에 증류가 지닌 또 하나의 이점은, 부패에 대한 걱정 없이 술을 전 세계로 운반할 수 있게 해준다는 점이다. 사실, 12세기경의 유럽에서는 최초의 브랜디가 널리 보급되면서 증류주가 본격적으로 애용되기 시작했다. 당시에는 장기간의 운송, 특히 해외로의 운송 중 부패를 막기 위해 와인을 증류시켜 브랜디로 만드는 일이 흔했다.

흑사병이 유럽 전역에 무시무시한 죽음의 마수를 뻗치던 14세기, 수많은 의사들이 이 질병을 물리치는 한 방편으로 증류주에 의존했고 이때 국민주로서의 바탕이 다져지게 되면서, 어느 시점에선가 증류주를 가리켜 라틴어 아쿠아 비테(Aqua Vitae)나 스코틀랜드 게일어 우스게 바하(Uisge Beatha)와 같은 '생명의 물'이라는 뜻의 신조어도 생겨났다. 또한 곡류, 과일, 전분 식물이 스피릿 제조의 주원료로 자리 잡기 시작했다. 아일랜드에서는 위스키를, 네덜란드에서는 진을, 폴란드와 러시아에서는 보드카를, 독일에서는 슈냅스를 증류하는 등 각각 생산국의 개성과 이용 가능한 주원료에 따라 여러 가지 독특한 풍미의 스피릿들을 제조하기 시작했다.

시간이 지나면서 스피릿 제조법은 차츰 일관성을 잃고 비능률적으로 흘러갔다. 그렇다면 스피릿 제조법을 통일시키며 이런 양상에서 탈피시켜준 것은 무엇이었을까?

아네스 코피(Aeneas Coffey)라는 아일랜드인의 끈기로 설계되어, 1830년에 영국 제5974호 특허까지 취득한 '연속식 증류기'였다. 그의 연속식 증류기 설계는 증류를 유례없는 새로운 차원으로 끌어올렸다. 그의 발명 덕분에 주류업체들은 과거의 그 어느 때보다 더 빠르고 더 일관적인 방식으로 스피릿을 대량 생산할 수 있게 되었고, 전 세계 여기저기에 대규모 증류소들이 생겨났다.

연속식 증류기의 설계는 자동차에 비견될 만한 것으로, 연속식 증류기에 비하면 구리 단식 증류기는 전통적인 교통수단인 말 마차에 비유할 수 있을 듯하다. 이전까지 몰트위스키, 데킬라, 브랜디 같은 스피릿들의 제조자들은 연속 공정이 아닌 1회분씩 처리하는 수제 방식의 배치식 증류법을 중심으로 제조하였다. 이는 독특한 풍미를 내기 위해 아래쪽에서 열을 가하는 백조 목 모양의 전통적 단식 증류기에 의존해야만 했다. 하지만 연속 공정 방식의 연속식 증류기의 등장으로 인해 거의 무한대에 가까운 용량을 대량 생산할 수 있게 되었다. 이로 인해 증류업은 호황기를 맞이하게 되었다.

1920년 1월 16일, 미국에 금주법이 시행되면서 20세기에 들어와 증류주 생애에 또 한차례 큰 변화가 닥쳤다. 번성하던 미국의 위스키 산업은 하룻밤 사이에 무너져내렸다. 수백 곳의 증류소가 문을 닫으면서 한때 반짝반짝 광을 내며 돌아가던 증류기들은 해체되었고 통 속에서 숙성되던 스피릿은 무분별하게 버려졌다. 시련은 미국의 위스키 산업에만 그치지 않았다. 럼, 진의 생산자들은 물론 아일랜드와 스코틀랜드 위스키 생산업자들 모두 큰 시장을 잃으면서 그 타격으로 상당수가 문을 닫았다.

하지만 법 하나 바꾸는 것만으로는 스피릿에 대한 갈증을 막기엔 역부족이었다. 위스키, 진, 보드카, 럼 등의 온갖 술을 몰래 만드는 밀주업이 성행하게 되었다. 대개 밤에 이루어져서 '문샤인(Moonshine)'이라는 별칭을 얻게 된 밀주가 미국 당국의 눈을 피해 기승을 부리면서 오히려 알 카포네 같은 갱단만 돈을 쓸어 담게 되었다. 이런 밀주 제조 시기에 스피릿 제조의 일관성이 사라졌고 그 결과 스피릿의 대부분은 질이 형편없어졌고 개중에는 메탄올이 과하게 함유된 혼합주도 있었다.

다행히 금주법은 1933년 12월에 폐지되었으나 미국 내외의 증류업계는 전반적으로 부상을 입은 채 멍들고 피 흘리며 신음하는 상태가 되었다.

지난 10년 사이에 미국에서는 크래프트 증류소가 폭발적으로 증가했다. 이런 증류소를 세우고 운영하는 이들은 스피릿의 종류는 다를지 몰라도 그 안에 개성을 담으려는 열정만큼은 모두 같을 것이다.

크래프트 양조가이자 열정가인 빌 오웬스(Bill Owens)가 크래프트 증류업자의 권리와 상업적 이익을 지지하기 위해 2003년에 설립한 미국증류업협회(American Distilling Institute, ADI)에 따르면, 2004년 64개에 불과하던 크래프트 증류소는 현재 400개를 넘어서면서 미국 증류업계가 번영기에 들어섰음을 보여주고 있다. 중부 유럽에서도 비슷한 양상이 보이고 있다. 자영업자, 농장, 소규모 양조장, 와이너리에서 소형의 구리 단식 증류기나 초소형 연속식 증류기를 추가로 설치하여 코냑의 원료가 되는 오드비(Eau-De-Vie), 진, 보드카, 위스키, 브랜디를 제조하고 있다.

그렇다면 크래프트 증류소란 무엇일까? 명확한 답은 없다. 미국에서 ADI 같은 단체가 크래프트 스피릿에 대해 법적으로 공인된 정의를 요구하고 있지만, 크래프트, 수제 방식, 소량 생산 등 증류 전반의 관습에 얽매이지 않는 독자적인 이미지를 부여해줄, 그래서 그 역동성과 독자성을 옹호해줄 만한 특정 법이 국제적으로 적용될 가망은 낮아 보인다.

이 책에서는 스피릿의 선별에서 규모, 명성, 역사적 기원보다는 정직함, 혁신, 열정, 세련된 풍미를 주된 기준으로 삼았다. 그리고 역사 이야기가 나온 김에 병 디자인에 대해서도 한마디 덧붙이자면, 현재 스피릿은 증류의 역사상 그 어느 시기보다 멋진 병에 담겨져 나오고 있다.

특이한 모양의 구리 단식 증류기. 구리는 스피릿에 미치는 정제 효과 덕분에 증류에 이용되는 금속 중에서도 특히 중요한 소재로 꼽힌다.

스피릿이란 무엇일까?

이번에는 과학과 좀 친해져야 할 차례다. 그렇다고 지레 겁먹지는 말자. 딱딱한 고등학교 수업 같지는 않을 테니까. 노트를 펴거나 실험용 보안경을 쓸 필요도 없다. 사실, 그런 것과 는 거리가 멀다. 잊지 마시라. 우리는 지금 술 이야기를 하는 중이다.

스피릿은 알코올함량이 높은 증류주로, 보통 20% 이상이며 가당처리를 하지 않는다. 단, 브랜디나 럼은 어느 정도의 가당이 가능하다. 위스키를 위시한 몇몇 스피릿은 최소 알코올함량 40%를 고수하고 있으며 이에 두 배가량인 80% 알코올함량의 스피릿도 존재한다.

스피릿의 가장 중요한 요소인 이 알코올은 어디에서 나오는 것일까? 알코올은 어떻게 만들어질까?

알코올의 생성 경로를 추적해보면 스피릿의 베스트 프렌드, 효모에 이르게 된다. 적절한 조건 하에서 효모가 전분이나 당분 함유 성분과 만날 때 만들어지는 것이 바로 알코올이다. 효모는 일명 무산소호흡, 또는 '발효'라고 불리는 과정을 통해 당분을 탄산가스와 알코올로 분해시킨다. 여기에서 꼭 기억해둬야 할 중요한 포인트는 이것이다. 당분이나 전분을 함유한 것이면 어떤 성분이든 알코올을 만들어낼 수 있다는 것!

하지만 스피릿은 알코올을 만드는 과정, 이른바 양조의 과정만이 전부가 아니다. 스피릿은 양조보다 한 차원 높은 경지로, 주류계의 박사라 할 만하며 이와 같은 높은 경지에 이르기 위해서는 증류라는 과정이 필요하다.

증류는 양조에 비해 짧은 역사를 지녔지만, 과학의 발달 덕분에 그 기술이 더없이 완벽해졌다.

증류의 종류

증류란 한마디로 분리의 과정이며, 보다 구체적으로 말하자면 액체와 증기의 분리다. 증류는 정수물, 향수, 기름 등을 만들 때 사용하는 제조법이다. 하지만 스피릿 제조에 관한 한 증류란, 물에서 알코올을 분리 혹은 해방시키는 과정이며 이런 과정을 진행시키는 데는 몇 가지 방식이 있다.

먼저 최초로 이용된 방식이자 가장 전통적인 방식으로써, 단순히 양조주를 가열하는 방식이 있다. 양조주를 가열하면 물과 알코올이 동시에 증발하지만 알코올이 휘발성이 더 높아 응축물 내에서의 농도 증가 속도가 물보다 빠르다. 참고로, 알코올이 증기로 기화되면 이 증기를 붙잡아야 하는데, 이는 알코올에서 에너지를 빼앗아 다시 액체로 만드는 것이며 이 과정을 바로 '응축'이라고 한다.

1차 증류가 완료되면 함께 기화 여행을 떠났던 물이 남아있게 된다. 알코올의 '강도'를 높이기 위해, 즉 알코올에 대한 물의 비율을 점차 줄이기 위해서는 증류 과정을 반복하면 된다. 스피릿을 몇 번까지 증류해야 하는지에 대해서는 정해진 규칙이 없으며, 싱글몰트위스키의 경우엔 보통 2차까지 증류되고 보드카는 최대 4-5차까지 증류되는 편이다. 이런 식의 가열식 증류법에는 대체로 두 가지 방식이 활용되는데 단식 증류법과 연속식 증류법이다.

단식 증류법
↓

단식 증류기를 사용하는 것은 전통적인 증류법이다. 단식 증류기는 간단히 말해 상단의 목 부분에서 좁아지는 구리 주전자 모양으로, 알코올을 기화·응축시켜 스피릿 보관용기(spirit receiver)로 옮겨준다.

증류의 초반기에만 해도 단식 증류기는 작고 이동 가능하여 주로 농부들이 소규모로 생산 작물을 다른 방식으로 활용할 때 사용하였다. 하지만 현재는 대체로 증류소에 고정형 장비로 설치되어 대단위 생산체제로 사용하는 것이 전 세계적인 추세다. 한 예로 스코틀랜드의 싱글몰트 스카치위스키 증류소 더 글렌리벳(The Glenlivet)은 생산 능력이 15,500리터나 되어, 느려터진 트랙터 뒷자리에 앉아 터덜터덜 둘러보기엔 지루할 정도다.

대규모 생산 능력을 갖춘 단식 증류기나 그런 증류기를 사용하는 증류소들이 엄연히 존재함에도 불구하고 단식 증류기의 생산 방식은 '산업적'이라기보다 장인적으로 여겨지는데 그 이유는 무엇일까? 첫 번째 이유는 단식 증류기가 어느 정도 전통적 특성을 띠고 있기 때문이고, 두 번째 이유는 단식 증류기를 사용하는 증류소들이 배치식(Batch, 회분증류식)으로 스피릿을 생산하고 있다는 사실 때문이다. 하지만 장인적 생산 방식으로서의 지위를 누리는 주된 이유는 따로 있다. 즉, 동생격인 연속식 증류기와 대조를 이루기 때문이다.

연속식 증류법
↓

산업혁명기에 개발되어 1830년에 특허를 획득한 연속식 증류기는 이전 증류기의 설계를 개량한 것으로서 연속식 증류기(Continuous Still), 페이턴트 스틸(Patent Still) 또는 설계자인 아네스 코피의 이름을 딴 코피 스틸(Coffey Still)이라고도 불리며 양조주 원액에서 막대한 양의 알코올을 추출해준다.

간단히 말해, 이런 연속식 증류기는 스피릿의 가열과 응축 과정이 연속적으로 수차례 반복되도록 설계되어, 배치(Batch) 없이 빠르고 연속적으로 알코올을 추출시켜준다. 이것이 '연속식' 증류기란 명칭이 붙은 이유이다. 연속식 증류기를 갖춘 증류소들은 단식 증류기 증류소들을 난쟁이로 만들어버릴 만큼 생산 능력이 어마어마하다. 예를 들어 스코틀랜드의 카메론브리지 디스틸러리(Cameronbridge Distillery)는 연속식 증류기를 사용해 세계에서 가장 유명한 몇몇 블렌디드 위스키에 사용되는 그레인위스키 1억 리터는 물론, 몇몇 베스트셀러 보드카와 진 브랜드용의 알코올 4,000만 리터를 생산하고 있다. 정말 엄청난 양이지 않은가?

단식 증류기와 연속식 증류기의 차이를 쉽게 설명하자면, 구리 단식 증류기가 작은 단층집이라면 연속식 증류기는 초고층 빌딩에 비유할 수 있다. 그것도 더러는 그 높이가 너무 높아 생산시설 건물 외부에 설치해야 해서, 내부 설비를 외부로 노출시킨 그 모습이 런던의 로이드 빌딩과 비슷한 모습을 띠기도 한다.

지금까지 가열과 분리에 대한 이야기를 해보았는데 이번에는 조금 열기를 식힐 만한 다른 이야기로 넘어가 보자. 비교적 드문 편에 속하는 증류 방식인 진공 증류, 혹은 저온 증류의 이야기다.

진공 증류, 또는 저온 증류
↓

자, 서두에서도 말했다시피 이 시간은 학교 수업 시간이 아니다. 물론 이 책이 과학교재가 아님은 두말할 필요가 없다. 이제 진공 증류 이면의 세세한 물리학에 대한 이야기는 건너뛰고, 진공 증류의 장점에 대해서만 일러주겠다. 진공 증류에서는 극도의 열을 가해줄 필요가 없는데, 그런 이유로 '저온 증류(Cold Distillation)'로 불리기도 한다. 진공을 만들어 알코올의 기화를 촉진하는 방식이라 열을 가하지 않는 만큼 증류 중에 풍미를 더하는 스피릿을 제조할 때 유리한 방법이라고 말할 수 있다. 대개 풍미를 더하기 위해 사용되는 섬세한 식물을 덜 손상시키기 때문이다.

자가 증류 – 절대 금물
↓

지금까지 저알코올 양조주, 가열, 증기 응축 등의 얘기를 쭉 듣고 보니 증류라는 게 별것 아니라는 생각이 들지도 모르겠다. 하지만 집에서 증류를 시도하려는 생각은 절대 금물이다. 많은 국가에서 무허가 증류를 불법으로 규정하고 있어서만이 아니다. 인화성이 아주 높아 까딱 잘못했다간 실명할 위험이 있어서다. 다시 말해, 알코올의 대표적 물질 두 가지인 메탄올과 에탄올 중 어떤 것이 생성되는가에 따라 사고가 발생할 수 있다. 메탄올은 사람이 조금만 마셔도 실명하는 위험한 물질임을 잊지 말라.

메탄올은 나쁜 부류의 알코올이다. 같이 어울려 놀면 안 되는 불량 학생이나, 따먹어선 안 되는 사과와 같은 존재다. 좀 까칠하게 말해, 상종하지 말아야 할 녀석이다. 반면에 에탄올은 이런 연금술과도 같은 과정에서 얻을 수 있는 황금과도 같은 존재이다. 그러니 꼭 붙잡아야 할 존재이며, 나쁜 알코올에서 좋은 알코올을 분리시키는 기술은 증류의 예술이라고 할 만큼 고난이도 기술이다. 한마디로 집에서는 시도하지 말라는 얘기다. 아니면 이후 이어질 '집에서 진 만드는 요령' 코너를 참고해보거나. 아무튼 선택은 당신의 자유다.

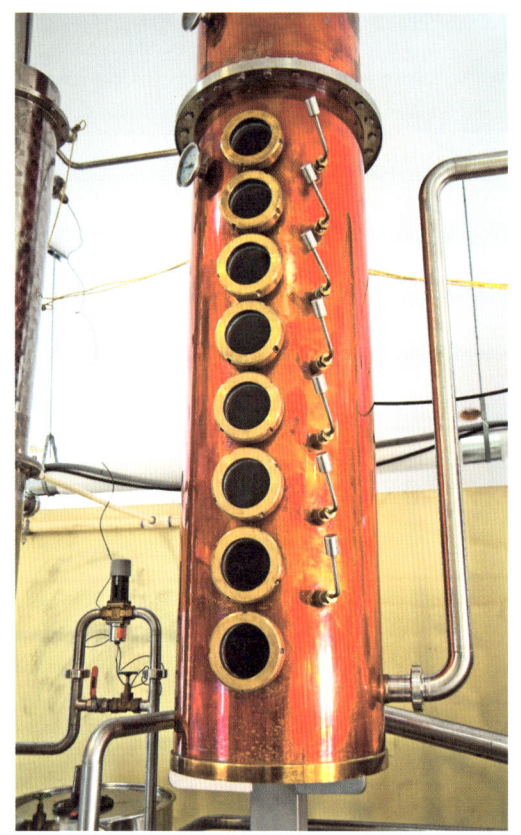

공상과학 소설 속에서 튀어나온 듯한 모양. 일부 연속식 증류기는 쥘 베른의 소설 속에나 나올 법한 모양을 하고 있다.

전문 증류업자가 어떤 증류 방식을 선택하여 활용하든, 증류기에서 바로 나오는 스피릿은 예외 없이 무색투명하다. 하지만 근처의 바(bar)에 가서 스피릿 셀렉션을 유심히 둘러보면 알게 될 테지만, 빛깔을 띠는 스피릿도 분명 있다. 이처럼 스피릿은 화이트 스피릿과 숙성을 거치며 빛깔을 띠는 다크 스피릿의 두 종류로 나뉜다.

화이트 스피릿은 증류기에서 나와 바로 병입되는 스피릿으로, 진과 보드카가 대표적인 예이다. 다크 스피릿은 나무통에서 일정 기간의 숙성을 거치는 것으로, 숙성통의 소재는 대개 오크(참나무)가 사용되지만 더러 밤나무나 벚나무 같은 다른 소재도 쓰인다. 바로 이런 '숙성' 과정을 통해 스피릿에 빛깔과 풍미가 우려진다. 숙성 기간은 조건별로 크게 달라, 베이스 스피릿의 스타일에서부터 통의 크기, 심지어 창고의 온도와 기압에 이르기까지 여러 가지 요소에 따라 좌우된다.

　　예를 들어 일부 브랜디나 특정 위스키는 30년이나 40년 이상 숙성되면서 하루하루 풍미, 개성, 빛깔을 빨아들인다. 하지만 똑같은 스피릿과 똑같은 통을 가지고 인도 같은 곳에서 숙성시킬 경우, 인도의 열기 속에서 통이 일종의 무기력 상태가 되어 통 안의 내용물이 급속도로 증발하게 된다. 뜨거운 기후에서의 통 숙성에서는 이처럼 증발되는 용량이 연 10%가량에 이르는 것으로 추정된다. 이 증발분을 '천사의 몫(Angel's Share)'이라는 애칭으로 부르기도 한다. 반면 스코틀랜드처럼 비교적 서늘한 지역에서는 이러한 증발률이 2% 정도에 그친다.

　　수학자가 아니라도 척 보면 계산이 될 테지만 인도의 통에 담긴 위스키는 오래가지 못

해 완전히 증발되어 없어질 것이다. 반면 스코틀랜드에서는 증발로 인한 손실률이 낮아 장기간에 걸쳐 서서히 숙성시킬 수 있다. 그렇다고 해서 스코틀랜드의 몰트위스키가 인도의 몰트위스키보다 더 뛰어나다는 얘기는 아니다. 단지 다른 특성을 갖고 있을 뿐이다. 그리고 우리가 이 책을 통해 세상에 알리고픈 것이 바로 이런 부분이다. 숨은 보석 같은 새로운 스피릿의 발굴, 그것이 이 책의 진정한 스피릿(정신)이다.

우리가 이 책에 실은 스피릿은 대개가 열정적인 독립 생산자나, 실력이 탁월한 데다 풍미와 제조법에 정통한 누군가의 손길을 거치며 애정을 기울여 제조한 결과물이다.

솔직히 말해 이 스피릿들의 생산자 대부분은 그 스피릿을 어떻게 마실지 선택하는 문제에 관한 한 마음이 열려 있는 편이라, 취침 전에 스트레이트로 가볍게 들이켜든, 칵테일로 섞어 마시든 개의치 않을 것이다. 그들에게 누군가가 자신의 작품을 이런저런 식으로 즐기는 문제는 '자신들의 손을 떠난 일'일 뿐이다. 하지만 텀블러 글라스에 얼음을 집어넣거나 맨해튼(Manhattan, 위스키와 베르무트를 섞은 칵테일)을 만들어 마시려 하기 전에, 그 스피릿의 고유 풍미 정도는 알아둘 필요가 있다.

3단계 스피릿 리뷰법
↓

우리는 스피릿의 카테고리를 정할 때나, 바텐더와 함께 그 스피릿이 칵테일이나 롱드링크(시간을 두고 마시기에 적당하게 만든 칵테일로, 텀블러 같은 글라스나 사워, 고블렛, 콜린즈 등의 큰 잔을 사용하며 탄산수, 물, 얼음 등을 섞어 만든다)에서 어떤 풍미를 선사해줄지 살펴볼 때면 3단계 과정을 따른다.

첫 번째 단계는 향 맡기다. 업계 내에서는 '노즈(nose)'로 통하는 이 단계는 스피릿의 풍미와 가장 먼저 접하게 되는 관문이다. 잔 안에서 어떤 느낌이 풍겨 나오는지가 중요하다. 그 첫 느낌의 여운이 계속 남기 때문이다. 그러면 이쯤에서 우리의 첫 번째 팁을 알려 주겠다. 그 스피릿의 향을 진지하게 살펴보고 싶다면 노징 글라스(Nosing Glass)를 사라. 노징 글라스는 대개가 튤립형 모양인데, 이는 아로마가 잔 위쪽에서 모아지면서 잔 밖으로 발산되도록 디자인된 것이다. 노징 글라스가 없다면 비슷한 효과를 내주는 플루트형의 샴페인 잔도 괜찮다. 그런 샴페인 잔도 없다고? 그렇다면 이참에 축하의 순간을 위해서라도 하나쯤 마련해두는 것이 어떨까?

선택한 스피릿을 잔에 따랐다면 잔을 코로 가져가다가 2.5cm쯤의 거리에서 멈춘다. 지금 우리가 다루는 대상이 알코올함량 20% 이상인 스피릿임을 그러니까, 알코올함량이 40%가 넘는 것들이 보통인 데다 일부는 60%나 70%, 심지어 80%까지 된다는 사실을 잊지 말아야 한다. 도수가 아주 강하다는 얘기인데 그런 만큼 코에 와 닿는 첫 번째 향은 에탄올이다. 이 알코올 물질 뒤에 바로 미묘한 풍미가 숨겨져 있으며, 그 풍미를 발견해내야 한다. 덩치 큰 대형차에는 엔진도 큰 것을 달아야 하듯, 풍미가 풍성한 스피릿 역시 향의 발산을 위해서는 상당 비율의 알코올함량이 필요하다. 도수가 높은 스피릿은 대체로 그런 식으로 설계된다.

이 단계에서 균형을 맞추려면 두 가지

요령이 있다. 먼저 첫 번째이자 아주 간단한 요령부터 얘기하자면, 잔의 맨 윗부분 테두리를 시계 문자판으로 생각해보는 것이다. 잔의 먼 쪽 부분은 12시 방향, 가장 가까운 쪽은 6시 방향이라고 쳐보자. 잔을 기울여 향을 맡게 될 경우 12시 방향이 6시 방향보다 알코올이 훨씬 약하고 풍미가 강하기 마련이다. 반대로, 아래쪽으로 기울어진 6시 방향은 알코올이 묵직한 편이어서 대개 그 스피릿 본연의 섬세한 풍미를 덮어버리기도 한다. 두 번째 요령은, 약간의 물로 희석시켜 알코올 강도를 순화시키는 것이다. 참고로 덧붙이자면, 제대로 된 효과를 내기 위해서는 정제 생수가 좋으며 정제 생수가 없다면 수돗물도 괜찮다.

두 번째와 세 번째 단계는 테이스팅과 여운 감상인데, 사실 이 모든 단계는 영화를 보는 것과 어느 정도 비슷하다.

예고편
↓

스피릿의 노징, 즉 향을 맡는 것은 영화의 예고편을 보는 것과 비슷하다. 맛보기로 살짝 알려주지만 전부 보여주지는 않아 전체 줄거리는 파악할 수 없다. 하지만 그런 맛보기를 통해 그 스피릿이 마셔볼 만큼 매력적인지 가늠해볼 수는 있다. 극장에서 예고편을 보다가 '흠… 내 취향이 아니야. 패스!'라고 판단하는 것처럼.

본편 영화
↓

두 번째 단계는 풍미의 시음, 즉 테이스팅인데 영화를 보러 극장에 가는 것에 비유할 수 있다. 말하자면 스피릿을 천천히 홀짝이면서 풍미를 평가하는 순간이다. 좋은 영화를 관람할 때와 똑같이 짜임새가 매끄러운지 평가하면 된다. 주요 인물들의 개성이 충분히 설득력이 있는지, 주연 배우가 매력적인지 따지듯이 음미해보라. 만약 오래된 위스키나 코냑이라면 몇 십년간 통 속에서 숙성되면서 병에 담겨질 적절한 순간을 기다렸을 것이다. 그러니 단숨에 벌컥벌컥 들이키지 말고 음미해주는 것이 예의다. 즐겨라. 집에서 영화를 볼 때 빨리감기로 빠르게 돌려보지 않는 것처럼, 스피릿도 그렇게 마셔서는 안 된다.

영화 관람 후기
↓

스피릿을 입안에 머금었다가 삼킨 후에는 일명 '피니시(여운)'라는 세 번째 단계로 넘어간다. 이 단계는 입안으로 삼킨 후에도 남아있는 풍미를 다루게 되는데, 영화를 다 본 후에 친구들과 술집으로 몰려가 수다를 떠는 것과 비슷하다. 영화가 즐거웠는지, 영화의 스타일은 어땠는지, 같은 제작자의 다른 작품과 비교해서 어땠는지 등의 감상평을 얘기하는 식이다. 이때 스스로에게 물어봐야 할 가장 중요한 질문은 따로 있다. 한 모금 더 마시고 싶게, 그러니까 줄거리를 뻔히 알면서도 다시 극장으로 튀어가 한 번 더 보고 싶게 만드는가?

지금까지 살펴본 노징, 테이스팅, 피니시는 이 책에서 스피릿 평가의 '성 삼위일체'에 해당된다. 어디까지나 우리의 견해이지만, 이 책에 수록된 스피릿은 하나하나 모두가 오스카상을 수상할 만한 걸작이며 개봉도 못한 채 곧바로 DVD로 출시될 만한 그런 실패작과는 비교 자체가 안 된다.

칵테일을 조주하기 위한 필수 준비물 10가지

1. 셰이커

제임스 본드 흉내를 내고 싶다면 셰이커는 필수 아이템이다. 클래식 칵테일 중에는 재료들을 섞기 위해 박력 있게 셰이킹해야 하는 종류가 많으니 말이다. 단, 셰이킹에서 지나친 자신감은 금물이다. 칵테일 셰이커를 잘못 쥐었다간 뚜껑이 쑥 날아가버려 거실 벽이 추상화가 잭슨 폴록의 그림처럼 얼룩덜룩해지는 봉변을 당할지도 모르니까. 칵테일 셰이커는 크게 보스턴 셰이커와 코블러 셰이커 두 가지로 분류된다. 보스턴 셰이커는 메탈과 유리로 된 같은 크기의 두 부분으로 나뉜다. 뉴욕의 소화전과 비슷한 생김새의 코블러 셰이커는 재료를 담는 널찍한 몸통 부분, 여과기가 내장되어 있는 뚜껑 부분, 흔히 계량컵의 역할까지 겸하는 마개 부분으로 나뉘며 대체로 전체가 메탈 소재다. 만약 친구 집에 놀러갔다가 칵테일을 만들어 마시려고 했는데 셰이커가 없다면? 이럴 땐 뚜껑이 있는 용기라면 뭐든 대체용으로 이용할 수 있다. 가령 잘 알려진 사례처럼, 칵테일 조주 도구가 없는 파티 자리에서 평범한 밀폐 유리병을 이용해 위스키 사워(Whiskey Sour)를 뚝딱 만들어내는 식이다. 칵테일용 전용 도구가 있어야만 칵테일을 조주할 수 있는 것은 아니다. 재료만 있다면 무엇으로든 제조해볼 것을 권한다.

2. 여과기

셰이킹한 칵테일을 서빙할 때 꼭 필요한 도구이다. 그 이름이 말해주듯, 셰이커 안의 칵테일을 잔으로 따를 때 얼음을 비롯해 과일이나 감귤류 껍질 조각 같은 것을 걸러내주는 용도다. 코블러 셰이커를 쓸 경우엔 대개 여과기가 내장되어 있다.

3. 계량컵

대체로 칵테일 레시피는 각 재료별 양을 제시하는데, 비율의 관점에서 볼 때 이 지침을 충실히 따르는 것은 중요한 일이다. 하지만 우리가 지금 과학 실험실에 들어와있는 것도, 빵 반죽을 준비하려는 것도 아님을 알아야 한다. 또 바텐더들은 칵테일을 만들 때 계량컵은 쳐다보지도 않은 채 '마음대로 따른다'. 하지만 숙련된 바텐더는 계량컵 없이도 정확하게 용량을 맞춘다. 가정에서 칵테일을 조합할 경우엔 원래 계량컵을 이용하는 것이 바람직하지만 칵테일의 믹싱은 과학 못지않은 기술이기도 하므로, 일단 칵테일을 제조하면 빨대를 이용해 맛을 보고 어떤 재료가 부족하거나 과한가에 따라 믹싱 비율을 조정해야 한다.

4. 머들러(muddler)

빅토리아 여왕 시대의 밀대를 축소해놓은 듯한 모양의 나무 막대이다. 믹싱하고 셰이킹하기 전에 민트, 허브, 감귤류 재료를 으깨 풍미를 내주는 용도다.

5. 설탕시럽

생각만 해도 침이 고인다. 칵테일에 단맛을 더하기 위해 꼭 필요한 아주 간단한 재료다. 바텐더에게 이 설탕시럽은 셰프에게 소금이 갖는 의미와 거의 맞먹을 정도로 중요하지만 단지 물에 녹인 설탕일 뿐인, 정말 간단한 재료다. 구입 비용도 저렴하다. 특히 모닌(Monin)은 이 분야의 선도 브랜드로 생강과자나 바닐라 등 여러 가지 풍미의 설탕시럽을 내놓고 있으며, 번화가의 인기 있는 커피전문점에 가보면 풍미를 더하기 위해 이런 시럽을 다양하게 구비해놓고 있다. 하지만 만들기가 아주 간단하니 직접 시험 삼아 이렇게 저렇게 만들어볼 만도 하다. 물과 설탕의 비율을 1:2로 해서 끓는 물에 백설탕을 넣고 녹인 다음, 식혔다가 깨끗하고 밀폐가 잘 되는 유리 용기에 담아 서늘한 곳에 두면 된다. 한 번 만들어두면 몇 주 정도 보관이 가능하다. 좀 더 강한 단맛을 원한다면 황설탕으로 시럽을 만들어도 좋다.

6. 바스푼

바스푼에는 여러 가지 용도가 있는데, 최우선적 용도는 셰이킹의 대체 용도다. 셰이킹이 필요하지 않은 경우라면 대개 바스푼으로 잘 휘저어주는 것만으로도 칵테일을 믹싱시키기에 충분하다. 또한 바스푼을 뒤집어서 잔에 대놓고 탄산음료 등의 거품 이는 음료를 부으면 재료를 잔 안으로 흩뿌리는 데 유용하며, '레이어링'을 효과적으로 연출할 수도 있다.

7. 비터

이 비터는 너무 중요한 준비물이라 따로 한 챕터를 마련했다. 칵테일에 '멋을 내기' 위해, 또 정말로 흥미롭고 독특하고 강렬한 풍미를 살짝 더하기 위해 사용한다. 더 자세히 알고 싶다면 '칵테일 비터' 챕터를 참고하시길.

8. 얼음

칵테일은 대부분이 차갑게 만들어야 하는데 이를 위해서 얼음은 필수다. 칵테일을 만들려면 많은 얼음을 쓰기 마련이다. 잔을 차갑게 만들기 위해 잔에 미리 얼음을 채워놓고, 셰이커 안에 넣어 쓰는가 하면, 칵테일 자체에 얼음을 섞어 넣기도 한다. 다시 말해 한 잔의 칵테일을 만들기 위해 벌써 세 줌의 얼음이 들어가는 셈이니, 작은 냉동실 칸과 아이스 트레이 하나만으로는 감당할 수 없을지 모른다. 아니, 경우에 따라선 얼음이 잔뜩 필요해서 마티니 글라스와 많은 얼음을 보관해둘 만한 전용 냉동고라도 있어야 할지 모른다. 이럴 땐 동네 마트에서 얼음을 구입하는 것도 한 방법인데 대량으로 구매하려면 정제 생수를 얼린 제품으로 고르자. 집에서 얼음을 만들고 싶다면 가까운 가정용품 매장에 가서 아이스 트레이를 잔뜩 사다놓고 시판 생수를 얼리면 된다.

9. 제스터, 또는 필러

많은 칵테일은 풍미 첨가를 위한 과일을 넣거나 그 외의 장식 혹은 고명, 가니시를 더해줘야 한다. 이런 일을 쉽게 해주는 도구가 바로 제스터 (Zester)나 필러(Peeler)다. 필러를 쓰면 간편하게 풍미를 첨가해볼 수 있지만, 날카로운 도구인 만큼 칵테일 두어 잔을 마신 후가 아니라 그전에 쓰는 편이 바람직하다. 올드 패션드(Old Fashioned) 같은 일부 클래식 칵테일들은 체리가 필요한데, 이런 체리는 마트에서 병에 담아 파는 제품을 이용해도 된다. 단, 값싼 설탕절임식 체리 말고 질 좋은 마라스키노 체리만 쓰길 권한다. 아니면 정말로 근사하게 즐겨보고 싶다면 체리 브랜디인 키르시에 절인 그리오트(Griottine)도 괜찮다. 그리오트 한 스푼이면 어떤 올드 패션드이든 풍미가 한 차원 높게 끌어올려질 것이다.

10. 타월

깔끔한 바는 사람을 기분 좋게 해주니, 괜찮은 바 전용 타월이나 행주를 갖추어 두길 권한다. 전문가의 티를 더 내보고 싶다면 바지 뒷주머니에 꽂아 밖으로 보이도록 늘어뜨리는 것도 좋은 방법이다.

진
GIN

이름

진. '주니퍼', 또는 불어의 '제니에브르'나 네덜란드어의 '예네베르'라는 단어에서 유래된 명칭이라는 것이 통설임.

기원

네덜란드. 16세기 말 의약용으로 사용하기 시작하였고, 17세기 무렵부터 스피릿으로 널리 소비됨.

색

대체로 무색투명하지만 침출 진이나 합성 진은 옅은 색을 지니며, 회귀한 편이지만 통 숙성 진의 경우에도 오크통 안에서 점점 빛깔이 우러남.

주요 제조국

네덜란드, 영국, 미국, 스페인, 인도, 필리핀, 프랑스, 독일.

최대 판매 브랜드

히네브라 산 미구엘, 라리오스, 비피터, 텡커레이, 시그램스, 고든스, 길비스, 블루 리밴드, 깁슨스.

주원료

중성의 곡물 주정, 또는 더러 포도 주정을 원료로 사용해, 주로 주니퍼 열매 등의 여러 가지 허브와 식물성 향료와 함께 재증류시키거나 침출시킴.

식물이 선사한 축복, 진

진은 세계적으로 가장 인기 있는 스피릿의 하나로 꼽히며 술을 마시는 지역의 거의 모든 나라에 구석구석 침투해있다. 나이지리아에서는 골목길에서 진을 일회용 포장봉지에 담아 판매하며, 필리핀에서는 히네브라 산 미구엘이라는 진이 연간 2억 병 가까이 판매된다. 대단히 인기 있는 스피릿이라 할 수 있다. 특히 1800년대부터 전통을 이어온 고든스, 비피터, 텡커레이 같은 '헤리티지' 브랜드는 현재 명성을 널리 떨치면서 전 세계의 바에서 쉴 새 없이 따라지고 있다. 진은 토닉워터에 섞어 마시거나 마티니로 만들어 음미하는 등 다양하게 혼합하여 즐길 수도 있다.

이렇듯 전 세계적으로 대단한 인기를 끌고 있는 이 무색투명한 스피릿은 어떤 술로 정의할 수 있을까? 직설적으로 답하자면, 진은 주니퍼 열매와 그 밖의 식물, 허브 등으로 풍미를 내서 맛을 더하는 증류주다. 하지만 단지 주니퍼 운운하는 것만으로는 진을 제대로 설명할 수 없다. 지역, 제조 기법, 주니퍼와 여러 식물들, 그리고 허브들 사이의 균형, 심지어 최근 트렌드라 할 수 있는 오크통 숙성에 이르기까지 진에는 들여다볼 만한 이야깃거리가 한두 가지가 아니다.

초창기에만 해도 진은 등급과 원칙에 대한
분류 기준이 없었다. 일부 숙성 진이 제조되고 있는
오늘날과는 달리 숙성 진도 없었다.

도시명이 아닌 스타일 지칭어, '런던 드라이'

↓

먼저 짚고 넘어가야 할 명칭이 하나 있다. 진이 담긴 병 외부의 '런던 드라이(London Dry)'라는 표기다. 런던 드라이 진은 스카치위스키나 코냑과는 달리 전 세계 어디에서든지 제조가 가능하다. 즉, '런던 드라이'는 출신지를 가리키는 것이 아니라 진의 제조 스타일을 칭하는 말이다. 진 제조의 최상급 수준으로 통하는 런던 드라이의 명칭을 붙이려면 주니퍼 열매와 다양한 식물류를 함께 넣어 증류하거나 재증류시켜야 한다.

여기에서 재증류라 함은 직접 알코올이나 주정을 만들지 않고 스피릿을 제조함을 뜻한다. 대다수의 진 제조사가 사실상 재증류의 과정을 거쳐 진을 제작하고 있다. 알코올 생산은 아주 까다로운 과정이며 진 증류업자들에게는 자신만의 특별한 비법 레시피가 있다.

런던 드라이 진은 전통적으로 구리 소재의 단식 증류기를 이용해 주정을 주니퍼 열매와 함께 증류시킨다. 이때 증류되어 기화되는 주정은 오렌지 껍질, 감초, 계수나무 껍질, 코코아 열매 등 다양한 첨가물로부터 우러나온 풍미를 함께 품는다.

증류가 완료되면 증류기의 바닥에는 많은 양의 용액과 식물이 남게 되는데, 이렇게 남겨진 재료는 대개 버리지 않고 다른 용도로 사용한다. 가령 시티 오브 런던 디스틸러리(City of London Distillery)의 헤드 디스틸러는 이렇게 남은 재료를 양조업자에게 넘기고, 이 양조업자는 이것을 양조나 증류의 원료로 이용하는 혼합 베이스, 매시빌로 사용하여 썸머에일을 제조한다. 이를 통해 교묘하게도 이 썸머에일에 '진'이라는 명칭을 붙이고 있다.

그렇지만 런던 드라이 진이라고 해서 모두가 식물 혼합물을 단식 증류기의 가열부에 섞어 넣는 것은 아니다. 한 예로 봄베이 사파이어(Bombay Sapphire) 같은 일부 업체는 바구니에 식물들을 담아 구리 증류기의 상단부에 걸어 두고 증류되는 증기를 그 바구니 사이로 통과시킨다. 이러한 방식으로 증류한 진은 단식 증류기를 통해 증류한 진에 비해 다소 풍미가 약한 편이지만 런던 드라이 스타일로 분류되고 있다.

진 업계의 새내기

↓

진을 제조할 때에 증류 과정에서 식물 혼합물을 사용하는 대신, 증류 후에 풍미를 첨가하는 방식도 존재한다. 진 업계의 새내기라 할 수 있는 헨드릭스(Hendrick's) 진이 그런 예다. 1999년에 소유주 윌리엄 그랜트 앤 선즈(William Grant & Sons)가 개발한 이 진은 스코틀랜드 글래스고 남부에 위치한 거번 디스틸러리(Girvan Distillery)에서 제조하고 있으며 풍미 프로필이 독특한데, 특히 오이와 장미 꽃잎에서 추출되는 풍미로 유명하다. 이미 전 세계적으로 유명세를 떨치고 있지만 1차 증류 후에 풍미를 첨가하는 방식으로 제조하고 있기 때문에 런던 드라이 진이라는 명칭은 붙이지 못하고 있다.

오크통 숙성 진

↓

진은 화이트 스피릿이며 무색투명한 빛깔로 설계되지만 일부 생산자들은 진을 오크통에 담아 숙성하는 실험을 진행해왔다. 오크통 숙성은 위스키와 브랜디, 테킬라에서는 일반적이다. 위스키와 브랜디는 예외 없이 나무통에 담아 숙성함으로써 스피릿에 풍미를 부여하며, 테킬라에서는 스피릿 가운데 일부를 오크통에 담아 '수면'을 취하게 해준다. 이에 반해 진 제품은 숙성을 거친 후 출시하는 경우가 드문데, 이런 상황 속에서 2013년에 메이저 브랜드인 비피터(Beefeater)가 업계 최초로 숙성 진을 내놓았다. 현재는 비피터 외에 FEW 스피리츠(FEW Spirits)와 프로페서 코넬리우스 앰플포스(Professor Cornelius Ampleforth)도 오크통 숙성 진을 제조하고 있다. 나무통 숙성을 통해 추가적으로 부여되는 풍미는 전통적인 주니퍼 베이스의 진들과는 다른 독특한 개성을 더해준다. 하지만 진을 숙성할 때에는 신중해야 한다. 장기간의 숙성은 진의 미묘한 풍미를 질식시키는 결과를 초래할 위험이 있기 때문이다.

네덜란드인의 용기

↓

진은 세계에서 가장 유명한 술로 꼽힘에도 불구하고 그 유래국을 제대로 알고 있는 사람이 많지 않다. 진은 엄연히 17세기에 유럽에서 영국으로 전파된 스피릿인데도, '런던 드라이'라는 명칭 탓에 많은 사람들이 진을 최초로 제작한 곳이 런던인 줄 안다.

사실, 진의 뿌리는 1600년대 초 네덜란드이며 당시만 해도 네덜란드에서는 주니퍼 풍미의 스피릿을 이뇨제로 사용하는 것이 다반사였다. 이즈음, 네덜란드인들은 전용 증류소를 세워 주니퍼 풍미의 스피릿을 술로 생산해내기 시작했다. 현재까지 그 명맥이 이어지고 있는 암스테르담의 볼스(Bols)라는 증류소도 바로 그때에 세워졌다. 기록 상, 1575년에 세워진 볼스는 전 세계에 제품을 널리 보급, 판매하면서 역사상 최장수 증류주 브랜드로서 입지를 굳히고 있다. 볼스는 우리가 흔히 아는 진이 아닌, 게네베르(Genever), 혹은 예네베르(Jenever)로 분류된다.

훗날 진으로 알려지게 되는 이 주니퍼 풍미의 스피릿이 런던에 들어오게 된 것은 영국 군대 때문이었다. 1500년대 말, 영국의 군대는 유럽 곳곳에 주둔군으로 파병되었는데 30년 전쟁(1618-1648) 중에는 네덜란드를 지원하게 되었다. 이때 영국 군대는 게네베르의 그 흥미로운 풍미에 눈을 뜨게 되면서 이 독특한 스피릿에 금세 빠져들었다.

술김의 호기를 뜻하는 '네덜란드인의 용기(Dutch courage)'라는 말도 전쟁에 나가기 전 영국 군인들이 정신자극제로 진을 마시던 것에서 유래되었다. 물론 지금도 자극이 필요한 이들에게 진은 유용한 스피릿이다. 사실 마감기한이 스피릿보다 더 큰 자극제로 활용되고 있는 시대이긴 하지만, 총검의 날카로운 날 말고는 달리 대안이 없었던 당시의 군인들에게는 알코올을 섭취하는 것이 훨씬 더 바람직한 자극제가 되었을 것이다.

네덜란드 주둔 영국 군대는 전후에 자신들이 즐겨 마시던 진을 영국으로 가져왔고, 그 후 1600년대가 한창 무르익을 무렵엔 네덜란드인이 영국 왕위를 거머쥐었다. 귀족들은 네덜란드인 왕의 환심을 사려 기를 쓰고 네덜란드 토종 스피릿인 진을 마시기 시작했다. 이런 분위기에 더해 제조 방식까지 쉬운 덕분에 진은 영국 애주가들 사이에서 굳건히 자리를 잡게 되었다.

게다가 1690년에 영국 의회에서 증류법(Distilling Act)을 통과시키면서 진의 성장을 위한 이상적인 환경까지 조성해주었다. 이 법에 따라 증류업을 시작하고픈 열망을 가진 수많은 이들이 증류 제조 자격을 부여받았다. 1694년 무렵엔, 누구든 자신의 건물 밖에 의향서를 붙여 영업 개시 10일 전에 미리 공지만 하면 증류업을 시작할 수 있었다. 사업계획이나 마케팅 같은 체계 없는 마구잡이식이었다. '장기적 사업'의 개념이 아니라, 그저 '닥치는 대로 진을 만들어 이리저리 팔러다녔다',

혼합물로 사용할 각각의 식물은 대개 런던의 십스미스(Sipsmith) 증류소에서 품질 검사를 받는다.

1700년대 초에 들어 런던에서 가내 제조 진의 문제가 심각한 수준에 이르면서 진은 '마더스 루인(mother's ruin, 엄마의 타락)'이나 '마담 제네바(Madam Geneva)'라는 별명을 얻었다. 또한 가격이 맥주나 에일보다 싸지면서 훨씬 더 서민적인 술이 되었고, 특히 가난한 이들에게 인기가 높아졌다. 추정에 따르면 당시의 연간 소비량이 무려 4천만 리터, 즉 도시 거주 성인 1인당 자그마치 90병 이상을 소비하기에 이르렀다.

한편 진은 1751년도에 그려진 한 유명 작품의 주제가 되기도 했으니, 바로 윌리엄 호가스(William Hogarth)의 <진 거리(Gin Lane)>라는 작품이었다. 런던 거리를 배경으로 삼은 이 작품 속에서 호가스는 지저분한 환경과 병에 찌들어 굶주리며 빈사의 삶을 살아가는 사람들의 모습을 담았다. 그에 반해 호가스의 또 다른 작품인 <맥주 거리(Beer Street)>에서는 사람들이 행복하고 즐겁고 생기 넘치는 모습으로 그려졌다.

그 뒤로 몇 년 후, 현재 우리의 귀에 익숙한 진 브랜드 여러 개가 탄생했다. 고든스, 플리머스, 탱커레이, 비피터 등의 유명 증류소들이 문을 열어 일관성 있고 품질 높은 제품을 출시하여 전 세계에 수출하면서 주요 시장들을 일구어놓았는데, 그 가운데 미국시장은 현재까지도 진에 대한 수요가 활발하다.

하지만 당시에 진을 두 팔 벌려 환영했던 나라는 영국 만이 아니었다. 스페인이나, 세계 최대의 진 브랜드인 히네브라 산 미구엘의 본고장 필리핀 같은 나라에서도 진을 벌컥벌컥 마셔대기 시작했다.

진은 간단하게 토닉워터를 섞어 마셔도 좋고 마티니 글라스(Martini Glass)에 부어 와인을 베이스로 하여 약재를 가미한 혼성주인 드라이한 베르무트를 살짝 타 마셔도 맛이 좋아서, 지금껏 개발된 칵테일을 통틀어 가장 간단하면서도 풍미가 좋은 몇몇 칵테일의 베이스로 사용되고 있다. 동남아시아의 싱가포르 슬링(Singapore Sling)에서부터 이탈리아 원산의 네그로니(Negroni), 또 영화 속에서 제임스 본드가 새롭게 고안한 마티니의 업그레이드 버전인 베스퍼(Vesper)에 이르기까지 진은 1800년대의 신흥 칵테일 문화에서 그 자체로 중심적 입지를 구축했고, 오늘날까지도 그 위상을 굳건히 지키고 있다.

윌리엄 호가스(William Hogarth)의 <진 거리(Gin Lane)>

진

진토닉(Gin and Tonic) 칵테일은 원래 열대 지역, 그중에서도 특히 팽창 중인 대영제국에 편입되었던 인도 등지의 지역에서 말라리아 퇴치용으로 고안되었던 것이다. 진은 이렇게 조합성이 좋은 데다 인기까지 끌면서 여러 시대에 걸쳐 명맥을 이어왔다.

유럽에서 태어나 런던에서 양성된 진은 현재 세계정복을 중단하고 일종의 르네상스적 실험에 들어가 있어서, 이탈리아에서부터 스코틀랜드의 아일레이 섬에 이르기까지 전 세계 곳곳에서 새로운 진들이 등장하고 있다. 런던은 여전히 이 분야에서 주요 주자이다. 특히 비피터 디스틸러리는 한때 런던에 유일하게 남아있던 진 생산자였다가 이제는 시티 오브 런던 디스틸러리(COLD), 십스미스(Sipsmith), 런던 디스틸러리 컴퍼니(The London Distillery Company), 템즈 디스틸러스(Thames Distillers) 등의 경쟁자를 두게 되었으나, 그 보유 브랜드 수로 따져도 앞에서 열거한 소수의 생산자 수를 가볍게 앞선다.

진은 그동안 세월의 시련을 견뎌왔고 현재는 그 무엇도 진의 앞길을 막지 못할 듯한 추세다.

최근 들어 클래식 진의 스타일과 더불어 뚜껑에 밀랍 봉인을 입히는 것이 점점 유행하고 있다.

집에서 직접 진을 만들어보자

주니퍼 풍미의 스피릿을 제조하는 데는 아주 간단한 또 하나의 방법이 있다. 그냥 도수 높은 중성 주정에 주니퍼 열매를 담가 놓으면 된다. 꽤 간단한 방법이라 집에서도 충분히 해볼 만하다. 물론 거주 국가나 주의 사업면허법상 허용이 된다면 말이지만. 필요한 재료는 주니퍼나 그 밖의 식물류, 허브, 향신료, 천연 주정뿐이며, 주정의 경우엔 원한다면 시중에서 팔고 있는 보드카를 이용해도 된다.

　　일단 사용하려는 식물이 정말로 식용이며 먹어도 생명에 지장이 없는 것이 확실하다면 목이 가는 큰 유리병에 주니퍼와 그 밖의 식물류들을 집어넣고 주정에 담가 한쪽에 치워둔다. 이렇게 치워놓고 얼마나 우릴지는 하는 사람 마음이지만, 눈과 코, 그리고 혀로 유심히 체크하는 일만은 꼭 지켜야 한다. 아마 그다지 오래 기다리진 않아도 될 것이다. 여기까지가 제조법의 전부다. 이렇게만 따라하면 하우스 진을 만들 수 있다. 그 결과물이 그다지 멋져 보이지 않고 투명하지도 않은 데다 식물에서 나온 '부유물 부스러기'가 좀 떠있을지도 모르겠지만, 어쨌든 당신만의 진이 만들어지는 것이다.

　　이젠 컴퓨터 앞으로 달려가 세상에 하나뿐인 라벨도 만들어볼 것을 권한다. 도수는 원래의 베이스 주정 도수와 똑같이 표시한 뒤, 라벨을 깨끗한 음료수 병이나 잼 병에 붙여두자. 그 다음엔 진을 커피 여과지에 걸러서 병에 담고 뚜껑이나 마개로 봉해 냉동실에 넣어뒀다가 진 마티니가 생각나거나 불쑥 쳐들어온 손님이 있을 때마다 당신만의 하우스 진으로 대접하면 된다. 물을 타서 희석시켜서는 안 된다. 유럽에서는 알코올 함량 37.5% 이상, 미국에서는 40% 이상이 되어야 비로소 진으로 불릴 수 있으니까.

완벽한 진 마티니를 만들기 위한 팁

다행히도 이 근사한 칵테일의 조주는 몇 가지 재료면 충분하다. 그보다 좋은 점은, 마티니가 진의 진정한 개성을 돋보이게 해준다는 사실이다. 우리 두 사람이 제일 좋아하는 마티니용 진은 넘버 3 런던 드라이 진(No.3 London Dry Gin)이다. 이 진은 주니퍼 특유의 풍부한 풍미를 중심으로, 그 뒤를 카더몬, 레몬 껍질, 약간의 향신료 풍미가 받쳐주도록 설계되었다.

1

마티니 글라스와 당신이 고른 진을 냉동실에 넣어둔다. 진은 냉각시키면 높은 알코올함량 덕분에 얼지 않고, 대신 시럽 같이 걸쭉하고 근사한 질감이 생긴다. 이렇게 잔과 진을 냉동실에 넣어두었다가 쓰면 친구들에게 이제껏 최고의 칵테일을 대접해주게 될 것이다.

2

재료가 준비되었으면 약간의 드라이 버무스를 조금 넣어 잔 안쪽을 코팅한 후 따라 버리고, 냉각시킨 진을 최소 50㎖(계량컵으로 2잔) 붓는다.

3

오일리(oily)한 무게감을 위해 위에 올리브를 얹거나, 우리가 하는 식대로 생레몬 껍질 조각으로 미묘한 풍미를 더해도 된다.

4

부르면 바로 달려올 수 있는 콜택시 번호를 미리 알아놓도록. 빈말이 아니다. 이 진 마티니를 손님들에게 한 잔 이상 만들어주면 택시가 필요할 것이다.

진, 토닉워터를 만나다

우리도 경험해봐서 잘 안다. 오후, 근무시간이 끝나갈 무렵의 기분을. 푸른 하늘은 여전히 밝고 태양이 지면을 뜨겁게 달구고 있는 그 시간의 기분을 말이다.

무릎 위에 책을 올려놓거나 신문을 발밑으로 던져놓고 잔디에 대자로 누워 햇살을 받으며 주변 경치를 둘러보다 보면 상쾌하면서도 짜릿한 뭔가에 갈증을 느끼기 마련이다. 이런 갈증을 채워줄 만한 단 하나의 상쾌한 음료가 있다면 그것은 바로 진토닉이다.

스피릿을 주제로 이 책을 쓰면서 우리가 세운 목표는, 스피릿에 대한 이해를 돕고 유명 브랜드의 대안을 소개하려는 것이었다. 하지만 진토닉에 관한 한 우리의 관심점은 궁합이다. 음료계의 존 레논과 폴 매카트니라고 할 만한 진과 토닉워터는 각각 그 자체로도 뛰어나지만 함께 만나면 그야말로 찰떡궁합을 보여준다.

이렇듯 궁합이 중요한 만큼, 진토닉을 만들 때는 사용할 진만이 아니라 토닉워터의 타입과 품질에 대해서도 신경을 써야 한다. 냉장고 안에서 뒹굴거리던 김빠진 토닉워터를 썼다가 밍밍하고 그저 그런 진토닉을 만들고 마는 일이 얼마나 많은가?

이 얘기가 남 일 같지 않다면 다음과 같이 해볼 것을 권한다. 토닉워터를 살 때 평소처럼 1리터 용량 말고 소용량 캔 제품이나 작은 병에 담긴 것으로 골라라. 그러면 언제나 탄산이 살아 있는 토닉워터를 쓸 수 있을 뿐만 아니라 1주일쯤 지나 김빠진 토닉워터 병을 따며 '픽-'하는 맥 빠지는 소리를 들을 일도 없어질 테니까.

다시 토닉워터의 품질 문제로 돌아와보자. 지난 10년 사이에 토닉워터 시장이 폭발적으로 성장한 덕분에 이제 전 세계 소비자들로선 훨씬 더 높은 품질의 토닉워터를, 다시 말해 예전보다 더 뛰어난 맛의 진토닉을 접하기가 용이해졌다. 그래서 이 클래식 칵테일에서 최상의 맛을 끌어내기 위해 찾아볼 만한 토닉워터 브랜드 몇 가지를 선별해보았다.

1.   2.   3.   4.

토닉워터계의 우등생 사총사
↓

1. 펜티먼즈(FENTIMANS)

아시아산의 압착된 키니네와 레몬그라스를 재료로
쓰고 사탕수수 설탕으로 단맛을 내서, 천연의 맛이
특히 돋보이는 토닉워터.

2. 1724

키니네가 처음 발견된 곳으로 추정되는 안데스 산
맥 고산지대(정확히 말해 해발 1,724미터)가 원산지
인 토닉워터로, 남성적이고 나무 풍미가 배어 있어
특히 자극적인 메뉴에 곁들이는 힘차고 강렬한 진
과 궁합이 잘 맞음.

3. 토머스 헨리(THOMAS HENRY)

피버 트리와 마찬가지로, 키니네 천연의 쌉싸름함
을 그대로 살린 강하고 견고한 풍미의 토닉워터.

4. 피버 트리(FEVER TREE)

토닉워터의 주요 브랜드들이 사카린 단맛을 줄이
고 있는 추세에 발맞춰 천연 재료의 톡 쏘도록 떫은
맛을 부각시킨 이 피버 트리는 진토닉의 참맛을 선
사해줌.

식물별 고유의 특징들

알다시피 진 제조의 핵심은 식물을 활용한 풍미의 첨가다. 하지만 풍미를 첨가해서 단순한 주니퍼 주스에 그치지 않도록 만들려면 어떻게 해야 할까? 또 어떤 식물을 써야 우리 모두가 사랑하는 그 풍미가 더해질까? 진 증류업자들은 누구나 자신만의 비밀 레시피를 가지고 있으며, 사용할 허브와 향신료를 근처의 가까운 곳에서 구해 쓰는 이들이 있는가 하면, 멀리 떨어진 곳에서 공수해오기도 한다.

주니퍼, 애물단지 녀석
↓

진의 핵심 재료인 주니퍼는 골치 아픈 재료다. 우선 야생에서 자라는 탓에, 진 증류업자들로선 어떤 통제도 가하지 못한다. 열매는 이탈리아 토스카나 지역에서 주로 공급되며 이곳 지역민들이 10월쯤 수확하는데, 가시투성이의 가지를 붙잡고 막대기로 쳐서 열매를 바닥으로 떨어뜨리는 식으로 수확한다. 그런데 이 수확 작업이 여간 까다로운 게 아니다. 가지마다 3년생 열매가 1-2년생 열매와 함께 달려 있기 때문이다. 다시 말해 가지를 너무 세게 치면 다음 해와 그 다음 해에 쓸 열매까지 떨어뜨리고 만다. 가지를 잘라 버려도 안 된다. 가지 전체가 떨어져나가면 다음 해에 쓸 열매를 잃어버리는 셈이 되니 말이다. 한마디로 말해 주니퍼 열매가 없으면 진도 없으니, 위와 같은 불상사가 없도록 조심해야 한다.

주니퍼 열매는 아로마의 특성이 다양하다. 비피터 디스틸러리에서는 해마다 500군락 이상의 열매를 테이스팅해서 단 5군락의 주니퍼만을 선별해낸다. 진의 제조에 사용되는 그 외의 주요 식물들에 대해서는 다음 페이지의 '진의 식물류 재료의 풍미 지도'로 정리해봤다.

진의 심장이자 영혼인 주니퍼 열매

진의 식물류 재료의 풍미 지도

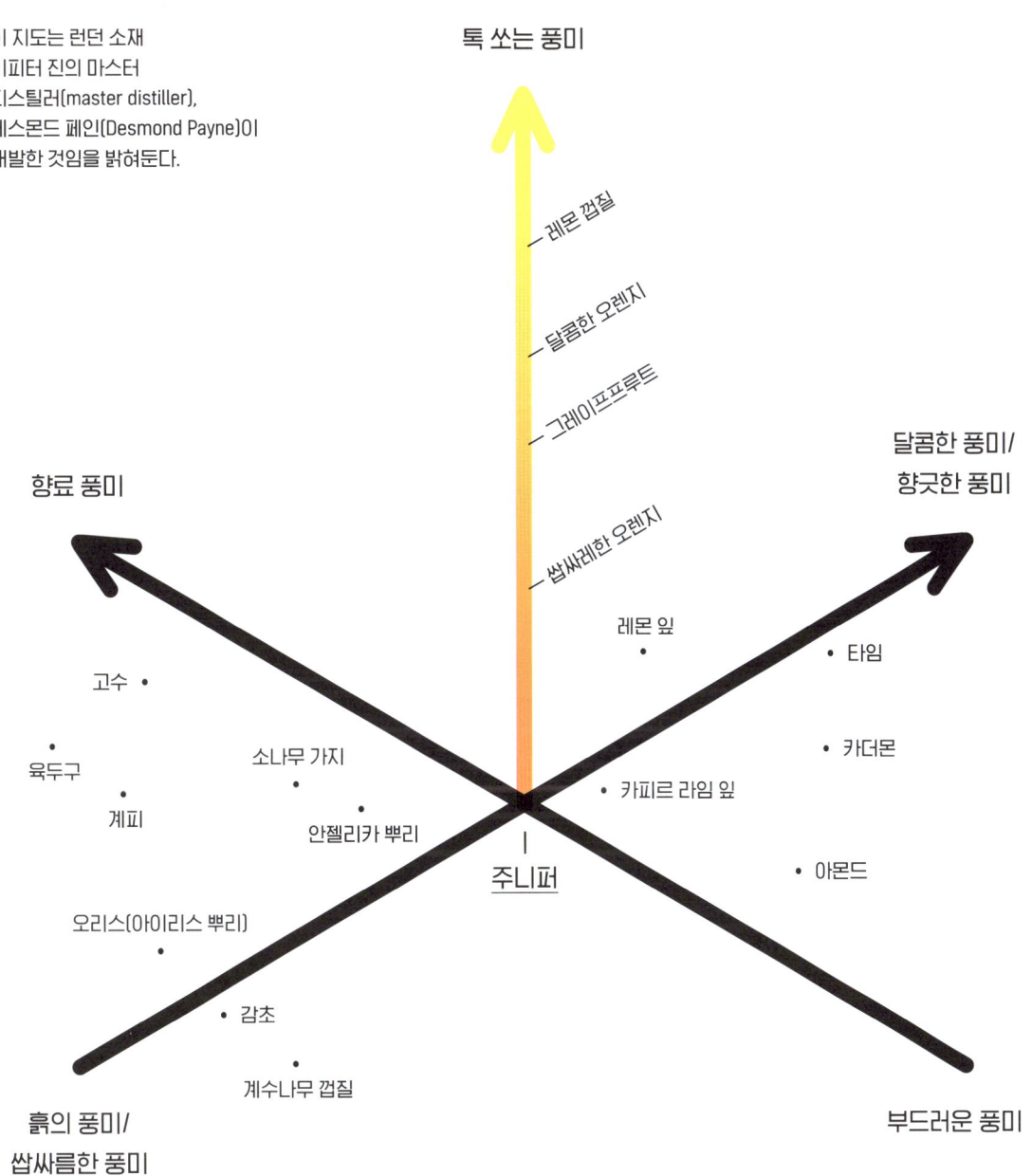

이 지도는 런던 소재 비피터 진의 마스터 디스틸러(master distiller), 데스몬드 페인(Desmond Payne)이 개발한 것임을 밝혀둔다.

톡 쏘는 풍미

향료 풍미

달콤한 풍미/
향긋한 풍미

흙의 풍미/
쌉싸름한 풍미

부드러운 풍미

레몬 껍질

달콤한 오렌지

그레이프프루트

쌉싸레한 오렌지

레몬 잎

타임

고수

카더몬

소나무 가지

육두구

카피르 라임 잎

계피

안젤리카 뿌리

아몬드

주니퍼

오리스(아이리스 뿌리)

감초

계수나무 껍질

이언 하트(IAN HART)
세이크리드 디스틸러리(SACRED DISTILLERY), 런던 하이게이트

이언 하트는 가족과 함께 사는 런던 북부 하이게이트(Highgate)의 집에 세상에 하나밖에
없는 독특한 증류소를 세우면서 집의 식당 전체를 축소판 진 생산 라인으로 바꾸어 놓았다.
하트의 집에서는 시간이 언제나 진에 맞추어 흐른다.

이 증류소의 명칭, 세이크리드 디스틸러리에는 어떤 의미가 담겨있나요?

저희의 시그니처 제품 두 가지, 세이크리드 진 (Sacred Gin)과 런던 드라이 보드카(London Dry Vodka)는 모두 감람과 유향 속의 나무에서 채취되는 수지인 최상급 유향을 소량씩 넣습니다. 라틴어로 보스웰리아 사크라(Boswellia Sacra)라고 하는 그 유향 말입니다. 그런데 이 유향의 첨가는 초창기 런던 드라이 진에 대한 인정, 또는 참고라고 할 수 있습니다. 세이크리드는 신성하고 존경할 만한 것들을 칭하는 단어이죠. 이용할 수 있는 주니퍼가 풍부하지 못해서였겠지만 당시에는 소나무와 오크 같은 다른 나무로 주니퍼의 풍미를 높이곤 했었는데, 바로 그 제조법을 참고한 겁니다. 유향 특유의 특징은 주니퍼의 풍미를 돋워 주죠.

그 제조법에 대해 간단하게 설명해주실 수 있을까요?

감귤류를 비롯해 모두 유기농으로 재배된 식물들만을 재료로 사용해서 각각 최소한 4-6주 동안 알코올함량 50%의 밀 주정에 담가 놓습니다. 이렇게 긴 시간 동안 담가 놓으면 독특한 개성과 깊이감을 띠게 됩니다. 하지만 식물들은 전통적인 단식 증류기가 아니라 진공 상태의 유리 기구에서 증류시킵니다. 진공 증류 방식이라 진공 펌프로 유리 용기에서 공기를 빼내게 되는데, 그러면 압력이 낮아져서 증류가 아주 낮은 온도에서(35-45도) 일어나게 됩니다. 전통적인 단식 증류에 비해 증류의 온도가 아주 낮기 때문에 증류액이 더 신선합니다. 고온에서 익힌 마멀레이드의 풍미와 갓 자른 오렌지의 풍미를 연상해보면 됩니다. 아무튼 그 다음 과정은 증류액을 블렌딩하여 세이크리드 진을 만드는 겁니다. 신선하고 거의 크리미한 느낌에 균형미가 매혹적이 독특한 진으로 말이죠.

새로운 스피릿의 개발에 대해서는 어떤 원칙을 갖고 계신가요?

저희는 실험을 멈추지 않습니다. 이미 70-80종에 달하는 식물 증류액에 대한 정보를 축적해놓은 상태이지만 기존의 제품에서 보완이 된 제품만을 시장에 내놓고 있습니다. 예를 들어, 세이크리드 진과 세이크리드 스파이스드 잉글리시 베르무트(Sacred Spiced English Vermouth)를 이미 생산하고 있던 중에 떠오른 착상을 통해 태어났어요. 캄파리(Campari, 이탈리아산의 식전에 마시는 매우 쓴 붉은색 술)의 영국 대체품을 만든다면 저희 세이크리드 진과 베르무트, 비터스를 혼합하여 네그로니(Negroni)도 만들 수 있겠다는 착상이었죠. 그렇게 해서 개발된 제품이 세이크리드 로즈힙 컵(Sacred Rosehip Cup)이었는데, 캄파리보다 과일 풍미가 진하고 덜 쌉쌀하지만 멋진 네그로니를 조주해줄 뿐만 아니라, 모든 재료가 천연 성분입니다. 인공색소 같은 것을 쓰지 않습니다.

증류소를 연 이후 최고의 발견을 꼽는다면 무엇인가요?

다 쓴 카더몬 깍지와 스타아니스가 화단의 멀칭(작물이 생육하고 있는 동안 짚이나 건초, 비닐 등을 덮어주어 지온상승, 토양수분 증산억제, 잡초방제 등의 효과를 얻는 것)용으로 딱이라는 겁니다.

세이크리드 디스틸러리의 다음 목표는 어떻게 됩니까?

더 이상 놔둘 공간이 없을 만큼 제품을 내놓는 것입니다. 하이게이트의 저희 집은 아주 넓어서 아직도 개발할 제품이 많습니다.

세이크리드 진을 세 마디로 표현한다면요?

뛰어난 홈메이드 스피릿이요.

진은 개성 강한 식물들을 통해 저마다 특유의 아로마 지문을 부여받는 스피릿인 만큼 진 제조업계는 전전 하기 그윽한 세계가 되어 왔다. 유명 진 브랜드 대다수가 런던 드라이라는 명칭을 사용하고 있으나 사실상 런던에서 제조되어야 한다는 법적 규정은 없으며, 중앙 유럽과 북미 전역에 걸쳐 크래프트 진 증류소의 수가 급속도로 늘고 있다는 점에서도 드러나듯 호주에서부터 헤브리디스 제도(스코틀랜드 서쪽의 영국령 열도)에 이르기까지 모든 지역에서 진은 아주 시장성 높은 제품이 되어가고 있다.

넘버 3 런던 드라이 진
NO.3 LONDON DRY GIN
46% | 네덜란드

넘버 3 런던 드라이 진은 정신적 고향인 네덜란드에 바치는 오마주로서 심플함과 전통성이 주된 특징이며, 런던에서 가장 유서 깊은 주류상이자 세인트 제임스 거리의 3번가에 위치한 베리 브라더스 앤 러드(Berry Bros & Rudd)를 위해 특별히 맞춤 제조된 것이다. 이 진은 주니퍼 풍미가 풍부하고 강렬한 카더몬 향과 은은한 레몬 껍질의 풍미가 인상적이며 아주 심플하고 강렬해서 기분 좋은 맛의 마티니를 제조하기에 이상적이다. 적어도 우리의 견해에 따르면 더없이 클래식한 진이다.

더 보타니스트 아일레이 드라이 진
THE BOTANIST ISLAY DRY GIN
46% | 스코틀랜드 아일레이 섬

피티드 싱글몰트 스카치위스키(피트는 맥아를 건조시킬 때 연료로 활용되는 자연 퇴적물로 이탄이라고도 하며, 피트로 가공한 맥아를 피티드 몰트라 부름)로 유명한 아일레이 섬의 브루익라딕 디스틸러리(Bruichladdich Distillery)에서는 자체적으로 진 증류기를 구입해 어글리 베티(Ugly Betty)라는 애칭까지 붙였으며, 현재 아주 복합적인 풍미가 특징인 이 보타니스트를 제조하고 있다. 보타니스트는 식물 재료가 무려 31종에 이르는데 그중 보그 머틀(bog myrtle), 헤더, 가시금작화 꽃 등 22종은 섬 주변에서 채취한다. 꽃향이 선명하고 그 뒤로 주니퍼 특유의 드라이함이 깔려 있으며 크리미한 맛이 독특하다.

몽키 47 슈바르츠발트 드라이 진
MONKEY 47 SCHWARZWALD DRY GIN
47% | 독일

스몰배치 방식임에도 불구하고 엄청난 양이 생산되는 진으로서, 독일의 검은 숲 지대인 슈바르츠발트에서 증류되고 있다. 이 몽키 47은 크랜베리에서부터 가문비나무 싹에 이르기까지 47종의 식물을 재료로 쓰고 있다. 이 47종의 풍미를 모두 감별해낼 수 있느냐 없느냐는 별개의 문제로 친다면, 이 진은 복합적이면서도 아주 통합된 느낌을 주는 동시에 진의 심장이라 할 만한 주니퍼 풍미가 묻히지 않는 것이 매력이다.

퓨 아메리칸 배럴 에이지드 진
FEW AMERICAN BARREL-AGED GIN
46.5% | 미국 시카고

역시 소용량씩 제조하는 스몰배치식 진으로 시카고의 소규모 증류소에서 생산되고 있다. 중성 주정을 진의 핵심 원료로 채택하는 대다수 증류소와는 달리, 퓨 아메리칸 배럴 에이지드 진은 강렬한 풍미의 곡물 주정을 자체 생산하여 런던 드라이 진으로 만든 후 새 미국산 오크통과 중고 미국산 오크통 두 가지를 사용하여 숙성시킨다. 배치(1회분 제조 용량)는 약 120병밖에 안 되며 오렌지, 레몬, 타임, 그리고 특히 주니퍼의 풍미가 은은하게 느껴진다.

십스미스 런던 드라이 진
SIPSMITH LONDON DRY GIN
41.6% | 영국 런던

런던 내의 신흥 소규모 증류소들 가운데서도 선도적 개척자로 꼽히는 십스미스에서는 멋진 구리 증류기에서 심플하고 정돈된 느낌을 주면서 주니퍼 풍미가 풍부한 클래식 진을 제조하고 있다. 처음엔 향긋한 꽃의 풍미가 뚜렷이 느껴지고 스파이시(계피, 정향, 육두구, 후추 등의 향신료 느낌) 풍미와 감귤류의 풍미가 이어졌다가, 아주 풍부하고 크리미한 여운이 풍성한 오렌지 풍미와 나무 풍미의 알싸함과 함께 입안을 채운다.

세이크리드 진
SACRED JIN
40% | 영국 런던

이언 하트는 런던 북부의 잎이 우거진 하이게이트에 자리 잡은 자신의 집 주방에 진 제조 사업장을 꾸며 놓았다. 세이크리드 진은 그 겉모습이 어딘지 과학적인 분위기를 풍기는 유리 증류기를 이용해 진공 증류로 제조되고 있으며, 주니퍼, 오렌지, 라임, 레몬 껍질, 카더몬, 그리고 보스웰리아 사크라라는 독특한 유향 등의 12가지 식물을 재료로 쓰고 있다. 흙내와 아주 드라이한 향, 훈훈한 느낌을 주는 알싸한 향이 느껴진다. 또한 유향의 풍미가 두드러져서 개성이 아주 또렷하다.

비피터 버로우즈 리저브 오크 레스티드 진
BEFEATER BURROUGH'S RESERVE OAK RESTED GIN
43% | 영국 런던

비피터는 런던의 진을 상징하는 최고의 아이콘이라고 할 만하다. 진의 대부(代父)로 존중받고 있는 이곳의 마스터 디스틸러, 데스몬드 페인은 자신의 증류소 안에서 놀이하듯 신제품을 개발하며 시간을 보내고 있다. 그가 최근에 내놓은 이 제품은 릴레 베르무트(Lillet Vermouth) 통 속에서 숙성시키고 있다. 또한 베이스 주정은 용량이 268리터에 불과한 소형 증류기에서 증류시키고 있는데 증류소, 그것도 아무리 소규모의 양조장이라고 해도 이 정도면 정말 작은 용량이다. 이 진은 향신료, 바닐라, 감초, 코코넛의 풍미가 은은히 배어있는 것이 특징이다.

플리머스 진
PLYMOUTH GIN
41.2% | 영국 플리머스

고유 명칭을 법적으로 보호받는 플리머스 진은 플리머스 블랙 프라이어스 디스틸러리(Plymouth Black Friars Distillery)에서 1793년경부터 제조해왔다. 주니퍼 풍미가 풍부한 클래식 진으로, 흙내와 나무 풍미가 느껴지며 상쾌한 감귤류의 향이 두드러진다.

더 웨스트 윈즈 진 더 컷래스
THE WEST WINDS GIN THE CUTLASS
50% | 호주

호주의 위스키 제조자들이 전통적 스피릿에 대한 참신한 도전을 인정받아 전 세계적으로 상을 쓸어담고 있다는 사실을 감안하면 당연히 그럴 만도 하지만, 호주인들은 최상급 스몰배치 진의 제조를 시도해보고 있다. 이 웨스트 윈즈 진은 부시 토마토(bush tomato)와 와틀(wattle, 아카시아속의 나무)씨 등 호주 서부의 자생적 식물의 풍미를 활용해 퍼스(Perth) 근처의 마가렛 리버(Margaret River)에서 증류되고 있으며, 입안에 풍부하면서도 살짝 감칠맛 나는 느낌을 주면서 그 아래로 주니퍼의 향이 미묘하게 깔리는 것이 특징이다.

진 마레 메디터레이니언 진
GIN MARE MEDITERRANEAN GIN
42.7% | 스페인

'감칠맛 나는' 스타일의 진에서 최초의 선구자격에 드는 진으로, 지중해의 영향을 받고 자라는 식물들을 재료로 사용한다. 로즈마리/올리브의 짭짤한 향과 레몬 껍질의 톡 쏘는 향이, 입안에서 느껴지는 카다몬, 로즈마리의 풍미와 잘 어우진다. 향이 뚜렷해서 풍미가 살아 있고 독특한 마티니를 조주하기에 일품이다.

보드카
VODKA

이름

보드카.
폴란드어: 부트카 (wódka)
러시아어: 보드카(Водка)

기원

러시아와 폴란드 양국 모두, 8세기나 9세기에 자국이 보드카를 처음 만들었다고 주장하고 있음.

색

무색투명함.

주요 제조국

러시아, 우크라이나, 벨로루시, 북유럽, 폴란드를 아우르는 '보드카 벨트'. 그 외에도 대체로 독일 북부 지역을 비롯한 몇몇 동유럽 국가들은 물론, 미국과 선구적 브랜드인 스미노프의 본사가 위치한 영국 역시 보드카의 주요 제조국에 포함됨.

최대 판매 브랜드

스미노프, 앱솔루트, 벨렌카야, 퍄트 오제르, 크루프닉, 그레이구스.

주원료

전통적인 보드카는 감자, 곡류, 당밀로 제조해야 한다. '보드카 전쟁' 이후 타협된 슈넬하르트 협정에 따라, 위의 세 가지 외에 다른 재료로 제조된 보드카는 라벨에 그 사실을 표기해야 한다.

칵테일 조주를 위한 이상적인 스피릿

대다수의 사람들이 가장 먼저 접하게 되는 증류주는 단연 보드카라고 할 수 있다. 칵테일 조주용으로 이상적인 보드카는 대체로 보통의 음료에 알코올의 톡 쏘는 맛을 더하기 위해 사용한다. 콜라, 사과주스, 진저에일에 계량컵으로 한 잔 분량의 보드카를 넣으면 1층에서 엘리베이터를 타고 스피릿의 초고층으로 올라가는 것이나 다름없다.

심플한 스피릿인 보드카는 여러 방식으로 즐길 수 있다. 어디에든 쉽게 섞이는 데다, 스트레이트로 들이켜거나 천천히 홀짝이며 마실 수도 있다. 또한 보드카는 제조 과정에서 풍미를 더하거나 우릴 수도 있고, 한 번이나 두 번, 또는 수차례까지 증류가 가능해서, 증류주를 통틀어 가장 적응성이 뛰어난 스피릿이다.

동유럽에서 처음 만들어져 현재는 전 세계에서 증류되고 있는 보드카는 수많은 칵테일에 이상적인 베이스(기주)이며, 이런 사실은 세계적 판매량에도 그대로 나타나고 있다. 비유적으로 말하자면 현재 보드카는 진이나 인퓨즈드(Infused) 보드카 같이 풍미가 더해진 스피릿을 보병으로 거느린 채 측면 호위를 받고 있어, 동유럽의 본거지에서 경쟁의 무대로 거침없이 뛰어들어 주류계를 정복할 준비를 갖추고 있다. 특히 여러 브랜드 가운데 깃발을 휘날리는 선봉장은 스미노프로, 세계적으로 연 2,400만 상자 이상을 팔며 세계의 스피릿 브랜드를 통틀어 판매 2위에 올라서 있다.

보드카를 흠잡는 이들을 보면 대개 다크 스피릿, 즉 일정 기간 동안 숙성시키거나 강렬한 풍미를 띤 증류주 업계에 있는 사람들이다. 그런데 세계 곳곳에서 사랑받는 이 스피릿이 주류업계로부터 잇단 비난을 받는 이유는 무엇일까? 간단히 한 단어로 답하자면 그건 바로 순수성 때문이다.

가장 단순한 제조법으로 제조된 보드카를 기준으로 삼는다면, 보드카는 순수한 증류주이다. 수년 전부터 보드카를 가능한 한 최고의 순도로 증류시키는 것이 유행이었는데, 수많은 주류 전문가들은 이런 증류법으로 인해 풍미와 개성이 부족해지는 것을 문제점으로 지적하고 있다. 사실, 다용도로 사용이 용이하다는 보드카의 장점뿐만 아니라 풍미가 부족하다는 약점은 바로 이러한 순도, 즉 불순물의 부재에서 비롯된다.

하지만 보드카라는 이름을 내건 초고순도(Ultra-Pure) 스피릿의 출현과 더불어 소규모 생산자들이 창의적 개량법을 선보이고 있다. 구체적으로 이런 '부가적 개량'의 예로는, 물을 사용해 보드카를 희석시키는 방식과 보드카 제조에 쓰인 베이스 원료의 풍미를 부각시키는 방식이 있다. 포도를 원료로 써서 5차 증류 방식으로 제조하는 보드카에 특히 자부심을 갖고 있는 브랜드 시락(Cîroc) 역시 이러한 혁신을 바탕으로 등장하게 된 브랜드이다.

이러한 혁신에 힘입어 보드카 분야에 새로운 지평이 열리게 되면서 몇몇 브랜드들이 보드카의 세계에서는 전례가 없었던 높은 수준의 가격대와 초특급 명품으로서의 위상을 차지할 수 있게 되었다.

그런데 '순수성'을 긍정적 이미지로 마케팅할 수도 있지만, 또 다른 한편으로 부자며 여러 차례 증류되면서 그만큼 풍미와 개성이 사라진다는 치명적인 약점일 수도 있다. 이런 측면에서 우리는 병 안에 개성과 이야기를 담아내고 있는 보드카를 중심으로 소개하려 한다.

보드카는 현재 구매 가능한 스피릿 가운데 제조법이 가장 단순하다. 맥아만으로 빚어진 맥주를 증류시키는 방식의 싱글몰트 스카치위스키나, 블루 아가베(Blue Agave)를 원료로 써서 만드는 테킬라와는 달리, 보드카는 증류시키는 양조주의 원료 종류에 제한이 없어서 이용 가능한 농작물이면 뭐든 상관없다. 밀 등의 곡류에서부터 감자에 이르기까지, 심지어 치즈도 원료로 사용할 수 있다. 게다가 증류 과정이 끝나면 순수한 화이트 스피릿 상태 그대로 숙성을 시키지 않고 병에 담는다. 그렇다면 고순도의 스피릿을 다 보드카라고 할 수 있을까? 물론, 그렇게 생각할 수도 있지만 진정한 보드카의 기준은 그런 차원의 문제가 아니라 '순수 스피릿'이라는 사실에 있다.

이 순수 스피릿의 제조는 알코올로 발효될 수 있는 전분과 당분을 추출하는 것으로 시작된다. 감자에서 전분을 추출하는 방식은 곡물을 이용한 다른 스피릿에서의 발효 과정과 똑같다. 즉, 각각의 감자 안에 숨어 있던 다량의 전분을 물 밖으로 씻겨 나오게 하면 된다. 감자를 푹 삶아본 적이 있다면 물이 어떻게 변하는지 잘 알 것이다. 뿌옇고 흐릿해진다. 이것은 감자로 요리할 때에는 좋은 결과가 아니지만 보드카를 만들려고 할 경우엔 바람직한 현상이다.

감자에서 전분이 빠져나오고 발효 과정이 시작되면 이제 남은 일은 증류 작업뿐이다. 아주 깔끔하고 상쾌한 수준이든, 베이스 원료의 풍미를 조금 남겨놓는 수준이든, 원하는 정도까지 보드카를 정제시키기만 하면 된다.

깔끔함과 상쾌함과 순수함을 갖춘 최상급 보드카는 잘 설계된 정교한 환경 속에서 제조된다.

보드카의 혈통을 찾아서

몇몇 스피릿은 유래를 추적하기가 비교적 간단하다. 가령 스코틀랜드의 스카치위스키, 카리브해 연안의 럼, 포르투갈의 포트(port) 등 다수의 스피릿은 한 나라에 뿌리 깊은 내력으로 묶여 있거나, 아니면 그 유래의 사실이 확실하게 밝혀져 있다.

보드카는 수백 년간 스피릿을 통틀어 가장 순수한 스피릿으로 인정받아 왔고 전 세계적으로 사랑받고 있지만 그 유래와 역사적 의미에 관한 한은 상당히 모호한 편이며 정확한 기원은 아직도 수수께끼로 남아 있다. 하지만 다른 한편으로 보자면 보드카는 여러 동유럽 국가들의 지난 수백 년 간의 발전 과정 속에서 크나큰 상징성을 띠고 있기도 하다. 실제로 보드카는 수많은 신화를 낳은 자양분이었고, 정치적 분쟁의 중심이 되어왔으며, 세계 도처에서 벌어진 무수한 첩보 일화 속에서 사람들의 혀가 술술 풀리도록 만드는 데도 한몫 해왔다.

현재 보드카는 세계시장에서 판매되는 스피릿 중 가장 높은 판매량을 자랑한다. 전체 스피릿 판매량의 20%가량을 차지하고 있다.

보드카의 역사를 자세히 이야기하다간 진 빠지는 일이 될 것 같으니, 지금부터는 이른바 '보드카 벨트' 지역에서의 보드카 제조에 한정하여 살펴보도록 하자. 참고로, 보드카 벨트란 유럽 북동부에서부터 스칸디나비아 반도에 걸쳐 있는 농업국가들을 아우르는 지역을 가리킨다.

보드카 전쟁으로 드러난 문제들
↓

진정한 보드카의 혈통을 놓고 EU의 법정에서 펼쳐진 최근 두 차례의 보드카 전쟁을 들여다보면, 지난 수백 년 동안 보드카의 발전을 둘러싼 핵심 쟁점이 무엇이었는지 가늠해볼 수 있다.

첫 번째 보드카 전쟁의 쟁점은 보드카의 원조국 권리가 어느 쪽에 있느냐는 문제였다. 그동안 곪아있던 이 문제가 급기야 1970년대 말에 이르러 터지면서, 소련과 폴란드가 '보드카' 명칭 표기에 대한 자국 브랜드의 독점권을 놓고 다툼을 벌이기에 이르렀다. 양측 모두 자국이 원조국

임을 암시하는 수많은 역사적 문헌을 제시했다. 양측 모두 설득력 있는 증거를 내놓았으나 결국 확정판결이 내려지지 않으면서 분쟁은 무승부로 끝나고 말았다.

그로부터 20년에 가까운 세월이 흘러 유럽위원회에서 보드카를 여러 종류로 다양하게 분류하자는 제안을 내놓자, 이번엔 '보드카 벨트' 진영이 서로 합세하여 감자, 곡류, 당밀로 제조된 스피릿에만 보드카라는 명칭을 붙여야 한다며 반박하고 나섰다.

사실, 이런 격론을 불러일으킨 시발점은 '시락'이라는 새로운 보드카 브랜드의 출시였다.

시락은 포도를 베이스 원료로 사용하여 달콤하고 부드러운 풍미를 띠기 때문에 전통적인 보드카와는 아주 대조적인 스피릿이다.

보드카 제조의 초창기인 8-9세기에는 대체로 증류액이 거칠고 불순물이 섞여 있어, 맛은 말할 것도 없고 향마저 썩 유쾌하지 않은 느낌을 줄 정도였다. 그래서 이런 달갑지 않은 특성을 상쇄하기 위해 대개 허브를 우려 풍미를 첨가함으로써 보다 기분 좋게 마실 만한 약용 팅크제, 생약을 에탄올 또는 에탄올과 물의 혼합액에 침출시켜 만든 액제로 만들었다.

그러다 16세기 말엽, 보드카는 그때그때의 수확물 사정에 따라 여러 가지 곡류와 감자를 원료로 사용하면서 동유럽 전역에서 널리 음용되는 음료로 자리 잡았다. 현재의 일부 보드카 브랜드에서는 단 하나의 곡류만을 원료로 쓰는 것이 보통이지만, 당시엔 여러 가지를 베이스 원료로 사용해 고급 보드카를 제조했다. 전통적으로 감자와 사탕무로 만든 매시(mash)는 값이 싸서, 더 고가의 밀이나 호밀을 쓴 매시보다 질이 떨어지는 하급으로 통했다.

그리고 바로 이런 점 때문에 시락이 큰 논란거리가 되었던 것이다. '보드카 벨트' 국가들은 시락의 스피릿은 원료로 포도를 썼으니 자신들의 제품과 똑같은 명칭을 붙일 수 없다고 여겼다. 반면에 다른 보드카 제조국들은 보드카에 대한 정의를 더 폭넓게 확장시키길 원했고, 마침내 독일의 정치인 호르스트 슈넬하르트(Horst Schnellhardt)가 타협안을 내놓기에 이르렀다. 감자, 곡류, 당밀 이외의 원료를 써서 제조된 보드카에는 라벨에 "…로 제조된 보드카"라는 문구를 표기하도록 의무화하자는 타협안이었다.

현재는 이 슈넬하르트 협상 덕분에 전 세계 소비자들이 자신이 고른 보드카의 원재료 정보를 더 쉽게 확인할 수 있게 되었다. 그리고 무엇보다도, 그런 정보를 통해 보드카 시장에서 가장 중요한 사람, 즉 소비자인 당신이 보드카의 종류를 선택할 수 있게 되었다.

폴란드의 감자 농부

보드카 업계에서는 (대개 풍미가 더해지는 방식의) 새로운 스타일의 보드카는 물론 대성공을 거둔 프랑스의 시락 같은 새로운 브랜드들이 끊임없이 출현하고 있다.

칵테일의 유용한 지원자, 보드카

칵테일의 생명은 풍미다. 한 번도 칵테일을 조주해본 적이 없더라도 걱정할 필요가 없다. 그냥 몇 가지 맛좋은 음료 재료를 찾아서 여기에 스피릿을 섞어 보완해주기만 하면 된다. 그런 식으로 조주해볼 만한 좋은 예가 바로 펀치(Punch)다.

펀치
↓

특히 쿠페 글라스(Coupe Glass)나 마티니 글라스에 담기는 칵테일을 위시한 수많은 칵테일들은 대개 감탄의 대상으로 떠받들어진다. 받침에 받쳐 놓고 경외심을 담아 바라볼 만한 예술작품처럼 말이다. 반면에 펀치는 캠프파이어 같은 칵테일이다. 말하자면 빙 둘러 앉은 사람들이 대화를 나누도록 분위기를 돋워주면서 최상의 유대감 결속제 역할을 해준다. 또한 펀치는 스피릿 보관장을 정리하는 용도로도 아주 유용하다. 어느 집이든, 성급하게 샀던 것이건 친구가 취향을 잘못 알고 선물한 것이든 간에 보관장 안쪽에 처박혀 있는 스피릿이 몇 개쯤 있게 마련이다. 이런 애물단지 스피릿은 펀치를 제조할 때 유용하게 쓸 수 있다. 물론, 필수 재료인 보드카만 준비되어 있다면 말이다.

보드카는 맛좋은 펀치를 만들어주는 중심축이다. 알코올에 향과 맛을 부여해줄 뿐만 아니라 과일주스와 다양한 종류의 술들이 내뿜는 풍미 사이에서 반창고 역할을 해준다. 즉, 여러 풍미들을 다정스러운 사이로 묶어주어 저녁시간에 느긋이 즐길 만한 당신만의 맞춤식 윤활유로 만들어준다. 다음은 맛좋은 펀치의 아주 간단한 제조법이다.

1.

보관장 안에서 뒹굴고 있는 스피릿 중에서 베이스로 쓸 것을 고른다.

2.

과일 주스, 얼음, 오렌지 조각을 넣는다. 그리고 여기에 사과나 딸기 같은 계절과일도 섞어 넣으며 괜찮은지 맛을 본다. 맛이 애매하다 싶으면 얼음과 과일 주스를 더 넣는다.

3.

이제 보드카를 넣어 섞는다.

4.

날씨가 춥다면 펀치를 따뜻하게 만들어 마시길 권한다.

클래식 칵테일 듀오, 뮬과 마티니

보드카는 여러 클래식 칵테일의 베이스로 쓰여 왔다. 앞의 '진' 코너에서 살펴봤던 마티니만 해도, 우리 두 사람은 진을 사용해 제조한 마티니를 좋아하는 편이지만 보드카로도 흠잡을 데 없이 만족스러운 마티니를 조주할 수 있다.

마티니 얘기를 꺼내놓고 보니 이언 플래밍(Ian Fleming) 원작의 책과 영화 〈007 카지노 로얄〉 속 한 장면을 얘기하지 않으면 서운할 것 같다. 이 장면에서 제임스 본드는 진과 보드카를 둘 다 사용하여, 유사 버전의 마티니를 만들어낸다. 그는 유사 마티니를 만든 뒤 바텐더에게 한마디 건네기도 한다. 그 칵테일이 곡물 베이스의 보드카로 만든 것보다 더 맛이 좋을 거라고. 아무튼 이 유사 버전은 나중에 등장하는 여성 캐릭터의 이름을 따서 '베스퍼(Vesper)'라고 이름 붙여지게 되었다.

제임스 본드의 레시피는 계량컵으로 고든스 진 3잔과 보드카 1잔, 여기에 달콤함을 더하기 위해 와인 베이스의, 식전주로는 최고로 꼽힐 만한 키나 릴레(Kina Lillet) 반 잔을 넣는다. 그야말로 영국의 첩보요원에게 모험의 시동을 걸어주기엔 제격인 알코올 3종 세트가 아닐까 싶다. 아, 물론 진은 꼭 고든스를 사용해야 하는 것은 아니다.

뮬(Mule)은 진저 비어를 주재료로 사용하는 것이 키포인트인 칵테일이다. 뮬의 가족 중에서는 모스코 뮬(Moscow Mule)이 가장 유명한 이름일 텐데 이름을 보면 어떤 스피릿을 쓸지 딱 감이 오겠지만, 키 큰 잔에 얼음을 넣고 진저 비어에 보드카 2샷, 생라임을 혼합해 만드는 칵테일이다. 만들기가 간단하고 쉬운 데다 특히 뜨거운 여름날에 기분 좋게 마시기 좋으며, 보드카의 세계에 입문하기에 제격이다.

댄 애크로이드(Dan Aykroyd)
크리스탈 헤드 보드카(Crystal Head Vodka), 캐나다 뉴펀들랜드

유령을 퇴치하는 내용의 영화인 <고스터버스터즈>의 주인공에서 스피릿 생산자로 변신한 캐나다 출신의 톱 배우 댄 애크로이드는 2008년에 자신의 보드카 브랜드를 론칭했는데, 론칭하면서 선보인 병의 디자인이 상당히 눈길을 끌었다. 마야와 아즈텍의 크리스탈 해골 전설을 토대로 디자인된 이 병은 눈길이 끌리지 않으려야 않을 수가 없을 만큼 인상적이다. 하지만 댄의 말마따나, 보드카 자체도 병 못지않게 매혹적이다.

크리스탈 헤드는 어떻게 시작되었나요?

제가 스피릿 제조자로 첫발을 뗀 것은 바람이 휘몰아치던 어느 겨울밤에 친구이자 예술가인 존 알렉산더(John Alexander)의 집, 작업실에서였죠. 우리는 일 얘기를 하던 중에 와인, 테킬라, 럼, 보드카를 화제로 올렸고 스피릿 병 용기에 대해 얘기하게 되었어요. 물론 둘이 곧잘 얘기하던 프란젤리코(Frangelico) 병 얘기도 꺼냈죠. 그 리큐어의 병은 수도승의 모습을 형상화해 흰색 띠까지 둘러놓았죠. 그러다 존이 해골 모양의 병은 어떻겠느냐고 제안했고 저도 좋은 생각이라고 대답했어요. 그런데 그 친구가 제안을 한지 2분도 채 안돼서 디자인을 내놓았죠. 아무튼 존이 마야, 아즈텍, 나바호족에서 영감을 따서 디자인한 그 해골 모양 병은 200만 병이 넘게 팔리게 되었습니다.

그러면 당신은 보드카에 대한 전문가라고 보십니까, 아니면 열정가라고 생각하십니까?

열정가라고 생각합니다. 하지만 우리 둘 다 출시되는 보드카의 질이 얼마나 떨어지는지 알게 되었어요. 그래서 크리스탈 헤드에서는 품질인증제를 채택하고, 의례적인 첨가물을 재료에서 빼버렸습니다. 신성한 영감에 따라 만든 용기 안에 클리콜, 시트러스 오일, 원당 같은 몸에 좋지 않은 것들을 어떻게 넣겠습니까?

그러면 개인적으로 크리스탈 헤드에 잘 맞는 칵테일은 뭐라고 생각하십니까? 저희가 보니 마티니를 즐기시는 것 같은데요.

사실 저는 크리스탈 헤드를 스트레이트로 홀짝이길 아주 좋아합니다. 또 차갑게 만든 버진 마티니(Virgin Martini)를 락스 글라스(Rocks Glass)에 따라 마시는 것도 즐깁니다.

고급 스피릿 생산자, <고스트버스터즈>, 둘 중 어떤 이미지로 기억되고 싶으신지요?

저야 <고스트버스터즈>의 이미지로 더 오래 기억되겠지만, 크리스탈 헤드는 <고스트버스터즈>의 최종 작품보다 훨씬 더 오랜 세월 동안 사랑받는 명품으로 남길 바랍니다.

현재 머릿속을 세 단어로 표현한다면요?

잉크. 분자. 종이.

추천 보드카 10선

보드카는 대개 풍미가 하나도 남지 않는 정도까지 증류되는, 흥미로운 스피릿이다. 또한 생수와 마찬가지로, 보드카 역시 마케팅의 최고 사례로 꼽힐 만한 제품이다. 하지만 보드카라고 해서 다 똑같은 것은 아니다. 그래서 이번 코너에서는 치즈로 만든 보드카 등 기발한 마케팅 이야기뿐만 아니라 보드카에 담긴 풍미에 대해서도 함께 살펴보려 한다.

체이스 스모크드 잉글리시 오크 보드카
CHASE SMOKED ENGLISH OAK VODKA
40% | 영국 헤리퍼드셔

체이스 가문에서는 감자칩 브랜드 티렐스(Tyrrells)를 팔고 감자칩 생산의 유산인 그 넘쳐나는 감자를 유용하게 사용하기 위해 자신들의 농장에 증류소를 세웠다. 윌리엄 체이스는 깔끔하고 상쾌한 감자 베이스의 클래식 보드카에 집중했다. 영국산 오크의 섬세한 스모키 향을 통해 풍미가 더해지는 이 스모키드 에디션 보드카는 보드카보다는 메즈칼에 더 가까운 풍미를 띤다.

크리스탈 헤드 보드카
CRYSTAL HEAD VODKA
40% | 캐나다

크리스탈 헤드는 보드카만이 아니라 스피릿 전체를 통틀어 지금껏 가장 눈길을 사로잡는 디자인으로 꼽힐 만한 병이 인상적이며, 코믹 연기의 대부 댄 애크로이드가 합작 개발한 제품이기도 하다. 병의 제작은 이탈리아의 브루니 글라스(Bruni Glass) 사에서 맡고 있으며 이 병 안을 채우는 보드카는 4차 증류까지 거친 뒤 허키머 다이아몬드(Herkimer diamond)라고 하는 수정으로 여과된다. 살짝 감도는 광물질의 풍미는 이 순수한 보드카에 깊이를 더해준다.

레이카 보드카
REYKA VODKA
40% | 아이슬란드

아이슬란드에서 최초로 보드카를 만든 주류사 레이카는 밀과 보리를 원료로 써서 전통적인 구리 카터 헤드 증류기로 한 번에 890리터 용량씩 스몰배치식으로 생산하고 있다. 아이슬란드 남서부 끝자락 보르가네스(Borgarnes)에 자리 잡은 이 증류소는 2005년에 위스키로 명성 높은 스코틀랜드의 회사 윌리엄그랜트앤선즈가 세웠다. 이 보드카는 현지의 화산암으로 여과된 후에 병입되며, 꽃의 풍미가 느껴지고 가벼우며 바닐라 풍미가 살짝 감돈다.

퍼 보드카
PUR VODKA
40% | 캐나다 퀘벡

캐나다는 러시아와 인접한 위치에도 불구하고 보드카보다는 메이플 시럽과 록그룹 아케이드 파이어(Arcade Fire)로 더 유명하다. 하지만 크래프트 양조의 붐이 일어나면서, 작지만 활력 넘치는 마이크로 디스틸러리의 작업장이 등장하며 더 큰 규모의 위스키 증류소들과 어깨를 견주고 있다. 퍼 보드카는 퀘벡 북부 수원지의 물을 현지산 화강암으로 여과하여 사용하고 있으며, 기분 좋게 해주는 상쾌한 풍미를 지니고 있으니 찾아서 음미해보길 바란다.

십스미스 발리 보드카
SIPSMITH BARLEY VODKA
40% | 영국 런던

십스미스는 2009년에 웨스트 런던에 소규모 작업장을 세우면서, 비피터와 함께 런던의 몇 개 안 되는 구리 단식 증류기 보유 업체의 대열에 합류하게 되었다. 사실, 굳이 역사를 비교하자면 비피터의 구리 단식 증류기 사용은 200년에 가깝지만. 크게 호평받고 있는 이 보리 베이스의 보드카는, 일명 프루던스라는 300리터 용량급 증류기로 증류를 한 다음 템스 강으로 흘러드는 샘물을 수원으로 써서 농도를 희석시킨 후에 병입한다. 스파이시하고 견과류 풍미가 살아 있는, 영국적 매력이 돋보이는 보드카다.

블랙 카우 퓨어 밀크 보드카
BLACK COW PURE MILK VODKA
40% | 영국 도싯

도싯의 '치즈 생산자', 제이슨 바버(Jason Barber)는 치즈 제조로 상까지 받은 인물이다. 치즈를 만들기 위해 그는 그 지역에서 키우는 젖소에서 우유를 짜낸 후 응유와 유장을 분리시키며, 이렇게 분리된 응유(커드)는 치즈가 된다. 그렇다면 남은 유장은? 당신의 예상대로다. 특별한 효모를 이용해 밀크 비어(milk beer)를 만든 후 그것을 보드카로 증류시키는 것. 이 보드카는 크리미하고 달콤한 훈훈한 느낌을 선사한다. 영국 젖소농부에게 러시아가 긴장을 좀 해야 할 듯하다.

베스탈 카스제브 보드카
VESTAL KASZEBE VODKA
40% | 폴란드

폴란드의 베스탈은 부자 사이인 존과 윌리엄 보렐(John and William Borrell)이 의기투합하여 세운 증류소다. 와인업계에서 일한 존의 경력을 토대로, 베스탈에서는 빈티지와 테루아(자연적 환경)에 집중하여 여러 토양과 다양한 재배 조건에서 자라는 다양한 종류의 감자가 풍미에 어떤 영향을 미치는지를 잘 보여주고 있다. 특히 이 카스제브 에디션은 비네타(Vineta)라는 감자를 원료로 사용하는데 카스제브라는 이름은 바로 그 감자의 재배지명에서 따온 것이다. 베스탈에서는 감자 외에 그레인 에디션도 출시하고 있다.

핸슨 오브 소노마 오가닉 보드카
HANSON OF SONOMA ORGANIC VODKA
40% | 미국 캘리포니아

미국의 따끈따끈한 신생 브랜드인 핸슨의 보드카로, 포도를 원료로 사용하여 시락과 흡사한 방식으로 제조된다. 가업으로 운영되는 이 증류소는 캘리포니아 와인 생산지역에 자리 잡고 있으며, 스몰배치식으로 운영되면서 오이, 포도, 만다린 등의 여러 가지 풍미로 다양한 제품을 내놓고 있다. 이 소노마 오가닉 보드카는 과일 풍미와 풍부한 입안의 느낌이 특징이다.

포토츠키 보드카
POTOCKI VODKA
40% | 폴란드

이 보드카는 역사와 유산에 관한 한 마케팅저으로 현혹저인 문구를 기어낼 믿요기 없다. 생산의 역사가 1784년으로 거슬러 올라가는 증류업계에서 가장 역사가 견고한 축에 든다는 사실을, 원본의 문서가 확실히 증명해주고 있으니 말이다. 현재 폴모스 란슈드(Polmos Łańcut) 증류소에서 생산되는 이 보드카는 호밀을 원료로 써서 2차 증류로 제조되고 있으며 풍미의 강도와 클래식한 흙내의 여운을 지키기 위해 병입 전에 살짝 여과를 거친다. 품질, 일관성, 남다른 역사를 느끼고 싶다면 꼭 음미해볼 만하다.

퓨러티 보드카
PURITY VODKA
40% | 스웨덴

스웨덴의 보드카라고 하면 앱솔루트가 더 유명할 테지만, 스웨덴에서는 그 외에도 여러 가지 보드카가 제조되고 있으며 대체로 퓨러티 보드카가 그중에서 최고의 호평을 받는다. 스웨덴 남부의 엘린지 캐슬 디스틸러리(Ellinge Castle Distillery)에서 제조되고 있는 이 퓨러티 보드카는 구리와 금으로 만들어진 증류기에서 34차까지 증류된다. 또한 밀과 보리를 원료로 제조된 후 마스터 블렌더 토머스 쿠타넨(Thomas Kuuttanen)의 손을 거쳐 배합된다. 부드럽고 입안에 오일리한 느낌을 주며 광물질 풍미가 풍부해서 음미해볼 만하다.

테킬라
TEQUILA

이름

테킬라. 멕시코 대도시 과달라하라 북서쪽에 위치한 테킬라라는 마을 이름에서 유래됨.

기원

멕시코. 더 앞선 시기에 아즈텍 족이 아가베 술을 제조했던 것으로 추정되며, 기록에 따르면 그 후 16세기 중반에 스페인 정복자들이 아가베를 원료로 쓴 일종의 테킬라를 처음으로 증류하기 시작함.

색

테킬라의 빛깔은 투명한 비숙성 스피릿, 즉 블랑코에서부터 옅은 황금빛의 레포사도와 밝은 황금빛의 아녜호에 이르기까지 다양하다. 황금빛이 훨씬 더 짙은 엑스트라 아녜호도 있다.

주요 제조국

멕시코. 멕시코에서 법적으로 테킬라 제조가 허용된 주는 다음의 다섯 곳이다. 과나후아토, 따마울리빠스, 미초아깐, 나야릿 주의 일부 지역 및 할리스코 주.

최대 판매 브랜드

호세 쿠엘보, 올메카, 사우자, 카보 와보, 돈 훌리오, 패트론, 페페 로페스, 에라두라.

주원료

아가베. 먼저 즙이 더 쉽게 추출되도록 아가베를 익힌 후에 발효를 거쳐 구리나 스테인리스스틸 증류기에서 증류시킴. 일부 테킬라는 증류 후 오크통에서의 숙성 과정이 더해진다.

다재다능한 아가베 패밀리의 대장

"테킬라 한 잔, 테킬라 두 잔, 테킬라 세 잔… 바닥으로 쿵!"

이런 문구가 찍힌 티셔츠를 입고 다니는 사람들을 종종 보게 된다. 색도 바래고 잘 맞지도 않은 티셔츠를 입고는 실없이 술 이야기를 하고 있다.

책장을 넘기며 여기까지 읽어준 독자 여러분에게 솔직하게 고백하자면, 얼마 전까지만 해도 우리 두 사람에게 테킬라는 '금기의 술'이었다. 사실 성인이라면 거의 누구나 생의 어떤 시기에 특정 스피릿에 빠지곤 하며, 또 그로 인해 이후로, 때로는 수십 년씩이나 그 냄새를 맡기만 해도 맥박이 뛰고 뱃속이 찌르르해지게 된다. 하지만 술을 먹고 몇 번의 실수를 통해 깨달은 바가 있다면 좀 더 교양 있고 총명한 음주에 눈떠야 한다는 것, 그리고 이것이 우리가 전하고픈 음주철학이다.

이러한 이유로 테킬라는 우리에게 금기의 술이었는데, 다행스럽게도 몇 년 전에 정말 운 좋게도 교양 있고 점잖은 바텐더를 만나게 되어 멕시코의 상징적 스피릿인 이 테킬라에 대한 우리의 인식을 말끔히 치유받으면서 깨달았다. 닫아걸어야 할 것은 문이지 테킬라의 뚜껑이 아니다.

테킬라는 굉장히 다재다능한 술이다. 테이스팅 글라스로 홀짝여도, 테킬라와 토마토 주스를 혼합한 맛좋은 블러디 마리아(Bloody Maria)를 마셔도 부드럽고 향긋한 느낌이 더없이 기분을 좋게 만들어준다. 하지만 어떻게 보면 테킬라는 그동안 억울한 취급을 받아왔다. 라임 조각, 소금과 잘 어울리는 화끈하고 톡 쏘는 술이라는 식의 이미지로만 족쇄가 채워져 왔으니 말이다. 하지만 이 책에서는 다를 것이다.

진가를 인정받지 못하는 것으로 따지자면 테킬라의 형제격인 메즈칼도 빼놓을 수 없다. 메즈칼은 관심을 갖고 살펴보면 싱글몰트위스키 못지 않게 아주 다양한 풍미를 지닌 스피릿이지만, 어떻게 생각하면 메즈칼은 테킬라보다 훨씬 푸대접을 받아왔다. 메즈칼은 어느새 멕시코로 여행 갔다가 돌아오는 친구가 있다면 으레 사오는 선물이 되었는데 그중 대다수는 병 안에 썩 반갑지 않은 손님, 그러니까 아가베 웜, 사실상 애벌레나 더한 경우 농장 주변에서 돌아다니다 발견된 발이 여러 개 달린 다른 벌레가 담겨 있다. 멕시코에서는 벌레를 메즈칼 병 속에 넣어 마시는 전통이 있는데 이 벌레를 먹는 사람은 행운을 움켜쥘 수 있다는 상징적 의미도 있다. 하지만 이런 이미지가 주는 인상 탓에 마시기 꺼려지는 스피릿으로 인식되는 것은 별개로 치더라도, 솔직히 이런 단백질 성분의 첨가는 이 밋밋한 술에 약간의 풍미를 더해주긴 하지만, 어쨌든 더욱 안타까운 점은, 파티에서 마실 만한 다른 것이 없을 때에나 상자에서 꺼내지는 식의 홀대이다.

하지만 다행스럽게도 인식은 세월이 흐름에 따라 바뀌기 마련이다. 테킬라와 메즈칼 모두 지난 몇 년 사이에 멋지게 재시동을 걸며 상승세를 타고 있다. 여러 세대를 거쳐 전수되어온 유서 깊은 장인 기술이 마침내 빛을 보면서 멕시코의 외진 농장에서 벗어나 전 세계의 최상급 스피릿 매장에 당당히 진열되고 있다.

레포사도나 아녜호 스타일의 테킬라에게는 오크통에서 살짝 숙성을 거치는 과정이 아주 중요하다.

포도에서부터 곡류와 과일, 채소에 이르기까지, 사실상 모든 스피릿 제조국들은 자국에서 쉽게 구할 수 있는 원료에 의존하고 있다. 멕시코 역시 마찬가지로, 아가베, 즉 마게이(maguey, 용설란)에 의존하고 있다. 생김새가 선인장이나 알로에와 꽤 비슷한 아가베는 테킬라와 메즈칼 제조에서 필수적인 베이스 원료다.

당신은 이 관능적인 다육식물에 대해 얼마나 알고 있는가? 우선 보편적 오해부터 풀어보자. 가시투성이 잎과 융기가 선인장과 비슷해서 흔히들 혼동하는데, 아가베는 선인장과 다른 독자적 속(屬)에 속하는 종이다. 아가베의 종류는 기록상 200종이 넘지만 테킬라의 제조에 관한 한 블루 아가베가 단연 뛰어나고, 법으로도 테킬라의 제조용으로 허용된 유일한 종이다.

블루 아가베는 아가베 중에서도 최상급에 해당되며 아구아미엘(Aguamiel)이라 불리는

그 즙은 증류업자들에게 아주 귀중한 존재이다. 테킬라의 주요 생산지 할리스코(Jalisco)의 토착종인 이 블루 아가베가 특히 소중히 여겨지는 이유는 천연당분의 함량이 높아 증류 중에 알코올로 전환시키기에 적합한 조건을 갖추고 있기 때문이다. 하지만 고급 테킬라를 만들기 위해 없어서는 안 될 이 원료의 최상급을 얻기 위해 감수해야 할 것은 단지 값비싼 비용만이 아니다. 사실, 아가베를 충분히 자라게 하려면 최소한 10-12년에 걸쳐 부지런히 돌봐주어야 한다. 그 이후에야 이 귀한 녀석을 수확하는 멕시코의 농부, 일명 히마도르(jimadore)들이 손으로 일일이 겉잎을 쳐내는 고된 작업을 시작할 수 있다.

이런 모습으로 다듬어진 아가베의 몸통은 익히고 발효시킨 다음 증류의 과정을 거치게 된다.

멕시코 아가베 스피릿의 역사는 16세기까지 거슬러 올라가지만, 아가베 자체는 상징적이고 의식적인 의의를 지니면서 1,000년도 더 전부터 아즈텍족의 삶 속에 깊이 엮여 있었다. 아가베는 수분함량이 높은데 아즈텍족은 그 달콤한 수액을 추출, 발효시켜 뿌옇고 살짝 시큼한 맛의, 풀케(pulque)라는 술을 만들었다. 이 술은 종교 의식과 제물 바치는 의식에서 신성한 것으로 숭배되었고, 특히 마게이의 여신 마야우엘(Mayahuel)를 찬양하던 고위급 사제들은 이 식물로 빚은 달콤한 술이 여신의 피가 된다고 믿었다.

스페인 정복자들은 1521년에 멕시코에 정착할 당시에 막대한 물량의 브랜디를 가져왔다. 하지만 이 브랜디가 바닥나자 알고 있던 증류 지식을 동원해 풀케를 스피릿으로 만들었고, 그렇게 해서 맛이 투박하고 거치나마 최초의 아가베 증류주가 탄생되었다. 스페인 정복자들은 곧바로 아가베를 원료로 쓰는 식으로 방법을 개량했다. 그래서 이번엔 아가베의 몸통, 즉 피냐(piña)를 불위에서 서서히 익히면서 전분과 천연당분이 빠져나오도록 했다. 그런 다음에 피냐를 으깨 쳐여밭 효시킨 후, 대체로 단순한 형태의 도기 증류기를 통해 증류시켰다.

테킬라라는 이름이 유래된 할리스코주 과달라하라 근방의 마을 테킬라는 화산 지형이라 귀한 블루 아가베가 풍부했고, 현재 테킬라는 코냑이나 노르망디산 사과 브랜디인 칼바도스(Calvados)처럼 보호산업으로 지정되어 있다. 한편 테킬라의 인기가 점점 높아짐에 따라 오랜 명맥을 이어온 브랜드들이 날개를 달게 되면서, 사우자와 1758년에 면허를 받고 설립된 최초의 증류소였던 쿠엘보 등이 테킬라를 멕시코 밖으로 수출하기 시작했다.

익혀서 부드럽게 만든 아가베를 으깨는 용도의, 전통적인 타호나 맷돌.

현재 대다수의 대기업에서는 테킬라의 생산이 현대적이고 능률적으로 이루어져 전통적 방식을 사용하지 않는다. 사실 대량판매용 테킬라는 상당수가 100% 블루 아가베로 만들지 않는 일명 믹스토(mixto)라는 제품이다. 즉, 아가베의 함량이 최소한 51%이며 여기에 다른 당분 원료를 첨가하여 증류시키는데 그만큼 제품의 신뢰성이 떨어지고 입안에 별 감동을 주지 못한다. 하지만 소규모 증류업체들은 최상의 결과를 끌어내기 위해 여전히 농촌식으로 많은 시간이 필요한 방식을 고수하고 있다.

아가베의 피냐는 아직도 손으로 일일이 수확하며, 이렇게 수확된 이 다육질의 열매는 부드럽게 만들기 위해 손질 후 증기가열식 화덕으로 옮겨져 최대 4일까지 서서히 익혀진다. 구체적인 예를 들어 설명하자면, 피냐의 무게는 평균적으로 60-70킬로그램 정도인데 순도 100%의 테킬라 1리터를 생산하기 위해서는 대략 7킬로그램이 필요하다.

상업성을 크게 고려하는 업체에서는 이 과정을 훨씬 짧은 시간과 노동이 소요되는 방식으로 전환시켜, 전통적인 돌화덕 대신 대형 증기압력솥을 이용한다. 그래서 더 빠르게 결과물이 나오지만 때로는 6시간이면 끝난다. 하지만 장인의 기질을 지닌 생산자들은 대부분 귀한 당분은 시간을 들여 천천히 추출해야 한다고 믿는다. 너무 성급히 추출할 경우 쓴맛의 성분이 모스토(mosto), 즉 증류 전의 아가베 발효액에 우려 나와 결과적으로 테킬라의 맛을 떨어뜨릴 위험이 있다는 것이다.

부드럽게 익힌 피냐는 기계에서 분쇄되어 큼지막한 개방형 발효통에 담겨진다. 보다 전통적인 방식에서는 돌을 이용한 분쇄법인 타호나(tahona) 맷돌을 이용하는데, 한때는 노새에게 이 타호나 맷돌을 끌려서 아가베 과육을 서서히 추출시키도 했다. 이제 발효통 안의 아가베 모스토에 효모와 약간의 물을 첨가한 후 며칠간 발효를 시키면(발효의 시간은 온도나 기상조건에 따라 3-10일 정도 걸린다), 보통 알코올함량 5%가량의 발효액이 만들어진다. 그 다음엔 이 발효액을 구리 단식 증류기나, 아니면 규모와 효율성이 더 높은 연식 증류기에서 2차까지 증류시켜 알코올함량 40% 정도의 무색투명한 스피릿을 제조해낸다.

이때부터 테킬라 스피릿은 전적으로 독자적인 단계로 들어선다. 갓 만들어진 테킬라 스피릿은 법적으로 숙성 규정이 없으며 증류업자로선 균형 잡히고 독특한 스피릿을 탄생시키기 위해 최대한 천연의 아가베 풍미를 지켜내는 것이 관건이다. 스피릿의 순도를 위해 여러 차례 증류시키는 것은 귀중한 풍미를 제거시키고 말뿐이다.

블랑코 스타일의 테킬라는 이 단계에서 신선하고 무색투명한 특질을 그대로 간직한 채 병에 담기지만 레포사도나 아녜호 스타일은 통에서 숙성을 거친다. 주로 재사용 미국산 버번통과 프랑스산 오크통을 사용하여 숙성 과정을 거치면서 빛깔뿐만 아니라 통 제조에 사용된 나무 특유의 부가적 풍미까지 우려진다. 레포사도 스타일은 통에서 최소 2개월, 최대 1년 동안만 '안식'을 취하여 대체로, 빠르게 우려 마시는 티백 차처럼 부가적 풍미의 여운이 짧은 정도로만 숙성되는 반면, 아녜호 스타일은 숙성 기간이 최소한 1년인데 최대 3년까지 숙성을 거치는 것이 보통이다. 한편 엑스트라 아녜호 스타일은 3년 이상 숙성되면서 숙성

통 특유의 풍미가 전반적 풍미에 크게 영향을 미치기 시작하여, 바닐라나 오크 나무 풍미, 또 때로는 포트나 와인스러운 풍미까지 섞여 묵직하고 스파이시한 향을 띠게 된다.

여기에 아주 주관적인 의견을 덧붙이자면, 엑스트라 아녜호 테킬라는 광범한 풍미 프로필을 선사하며 위스키, 코냑, 아르마냑, 럼 같은 다른 다크 스피릿보다 더 매력을 발산하지만, 본연의 매력을 잃게 된다. 다시 말해 순수한 아가베가 입안에 안겨주는 그런 상쾌하고 톡 쏘며 감칠맛 도는 풍미를 느낄 수가 없다. 다만 다행히도, 바로 그런 점 덕분에 테킬라가 활용도 다양한 다재다능한 스피릿으로 자리 잡게 되었지만 말이다.

원산지가 보란 듯이 찍혀진 테킬라 병.

과묵하지만 매력 있는 테킬라의 형제 메즈칼

테킬라는 세계적으로 높은 인기를 자랑한다. 세계 어느 나라의 바에 들어가든 테킬라는 멕시코의 매력을 선보일 준비를 한 채 진열되어 있다. 테킬라는 매혹적이고 도회적이며 파티를 사랑하는 스피릿으로, 기분을 띄워주어 한밤중에서 새벽까지 흥겨움에 들뜨게 해준다.

반면, 멕시코의 또 다른 대표 스피릿인 메즈칼은 테킬라와는 완전히 딴판이다. 스타일리시한 에르마노(Hermano, 형제) 테킬라와는 달리 농촌식이고 전통적이다. 하지만 한번 그 맛에 익숙해지면 깊게 감춰진 매력을 느낄 수 있다. 메즈칼은 밤에 집에서 좋은 책을 읽으며 마시기에 잘 맞을 수도 있지만, 대화가 술술 풀리도록 해주면서 저렴한 가격으로도 매력을 뽐낸다.

판매용으로 진열되어 있는 '농촌식' 스타일 메즈칼의 사례.

그렇다면 메즈칼이 테킬라의 그늘에 가려져 버린 이유는 뭘까? 엄밀히 말하자면 테킬라와 메즈칼은 비슷한 종류이며, 제조법 또한 16세기로 거슬러 올라가는 똑같은 전통에 뿌리를 두고 있다. 프랑스의 브랜디 중에서도 특정 지역에서만 생산된 브랜디만이 코냑과 아르마냑으로 인정받는 것과 마찬가지로, 테킬라 역시 1994년에 멕시코 법에 따라 특정 생산지역이 지정되어 있는데 북부 지역에 가까운 할리스코 주의 과달라하라 주변 지역의 생산량이 가장 높다. 메즈칼 제조지역은 훨씬 더 남쪽인 오악사카 주 부근에 몰려 있다. 테킬라와 메즈칼 모두 아가베를 베이스 원료로 사용하지만, 풍미 면에서 따지자면 훨씬 폭넓고 복합적인 풍미 프로필을 띠고 있는 쪽은 메즈칼일 것이다. 그런데도 수십 년 동안 그늘에 가려진 채로 누군가 자신의 진가를 알아봐주기만을 기다리고 있었던 것이다.

이런 등한시의 한 원인은, 앞에서 얘기했던 '벌레'로 인한 오명 때문이었다. 테킬라는 사회적으로 뿐만 아니라, 지난 20년 사이에는 스피릿의 감식가 사이에서까지 호감을 얻게 되었지만, 메즈칼은 오히려 비호감을 샀다. 투박하고 거칠며 조잡하게 만들어진 술이라 그것을 상쇄하려 병 안에 벌레를 넣어 다른 '효과'를 노리는 것인 양 비쳐졌다. 다시 말해, 메즈칼을 마시다가 마지막에 벌레를 입에 넣으면 그것이 이 거친 녀석과 붙어 끝까지 해낸 정복의 상징처럼 즐기도록 의도하는, 허세 자극용 용도로 비쳐졌던 것이다.

그러다 20여 년 전, 메즈칼의 진가가 세상에 알려졌다. 현재는 주요 메즈칼 생산지역으로 지정된 지역이자 메즈칼 증류소의 90% 이상이 몰려 있는 오악사카 주 주변의 농지 깊숙한 곳에서 이 메즈칼의 진정한 품질이 확실히 발휘되면서, 감사하게도 농촌적 환경, 전통적 제조법, 수백 년간 축적되어온 기술이 빚어낸 뛰어난 메즈칼이 이제는 멕시코 외의 다른 곳에서도 공유되고 있다.

론 쿠퍼(Ron Cooper)
델 마게이 메즈칼(DEL MAGUEY MEZCAL), 미국 산타페

론은 대단히 성공한 예술가이자 델 마게이 메즈칼의 설립자다. 델 마게이 메즈칼은 1995년 부터 멕시코 오악사카 주변 마을의 소규모 증류소들에서 제조된 크래프트 메즈칼을 찾아 내 병입, 배급해왔다. 론은 아가베에 관한 한 지식의 샘이며, 팽창가도에 올라 있는 메즈칼 의 세계적 인기와 관련해서는 누구도 부인 못할 대부이다. 그런 점에서 우리도 이 자리를 빌려 경의를 표하고 싶다.

메즈칼에 대해 처음 알게 된 건 언젠가요?

글쎄요. 멕시코의 디초스(dichos, 속담) 중에 당신이 메즈칼을 찾지 못하면 메즈칼이 당신을 찾느다는 말이 있는데 확실히 제 경우에 제가 '찾아냈죠.' 1963년이었던가 언젠가 미술대학에 재학 중이던 때, 친구들과 같이 바하 칼리포르니아(Baja California, 멕시코 최북서단의 주)의 어느 바에 들어가게 되었어요. 그때 어떤 아가베 스피릿을 마시고 떡이 되도록 취해서 다시는 찾지 않았죠. 그러다 1970년에 친구 몇 명과 미술 전시회를 열게 되었는데 1970년대 당시 최고의 테킬라였던 에라두라 블랑코(Herradura Blanco)를 마시게 되었죠. 술을 마시면서 대화를 나누던 중 팬 아메리칸 하이웨이(Pan-American Highway, 남북 아메리카를 횡단하는 길이 2만 7000km인 국제 고속도로)를 타고 파나마로 여행을 가보자는 얘기가 나오게 되었어요. 2주 후 우리는 밴의 지붕에 서핑보드를 얹은 채 길을 나섰고 4개월 후에 파나마에 도착했지만, 가던 도중에 메즈칼의 본고장인 멕시코의 오악사카 주를 발견했어요. 얼마 안 돼서 저는 그곳을 자주 찾게 되었고 그곳에서 보내는 시간이 길어질수록 메즈칼을 무슨 의식처럼 찾게 되었죠.

그러면 최상급의 증류소들은 어떻게 찾으셨나요? 오악사카 이외의 지역 사람이 아니면 전혀 생소한 곳들이었을 텐데요?

저는 캘리포니아로 돌아오면서 플라스틱 용기, 아니면 때때로 석유통에 뛰어난 품질의 메즈칼을 가득 채워 돌아오곤 했어요. 1990년에는 3개월 동안 트럭을 타고 진흙 길을 달리면서 지역마다 차를 세워 '돈데 에스 엘 메호르(Donde es el mejor, 최고가 어디입니까?)'라고 물어가며 28개의 멋진 샘플을 찾아냈죠. 뿐만 아니라 8일에 걸쳐 열린 사포텍족 결혼식에도 참석했는데, 그곳에서 누군가를 국경 너머로 밀입국시켜주는 대가로 5갤런(약 19리터) 용량의 단지에 치치카파(Chichicapa) 메즈칼을 받기도 했죠. 하지만 국경 경비대에 걸려 어쩔 수 없이 그 메즈칼 대부분을 쏟아버리고 간신히 일부만 건졌는데, 그때 다짐했죠. 앞으로는 메즈칼을 미국으로 가져오는 일을 아무도 막지 못하게 하겠다고.

판매대리권을 얻게 된 마을 사람들을 설득하는 일은 어땠나요? 그저 사기나 치려고 온 것이 아니라 제대로 거래를 하려고 왔다는 의도를 전하기가 쉽지는 않았을 텐데요?

그땐 저조차도 자신이 없었어요. 협상을 하려고 찾아가면 저를 외계인 보듯 했으니까요. 아이들은 제 트럭이 보이면 도망가기 바빴죠. 하지만 몇몇 용감한 생산자들이 기회를 알아봐준 덕분에 1995년에 처음으로 메즈칼을 병입해 출시하게 되었어요. 바로 치치카파와 산 루이스 델 리오(San Luis Del Rio)였죠. 우리는 현재 10여 곳의 생산자들과 계약을 맺고 있는데 그중 한 곳은 한 번 방문하려면 돌투성이의 진흙길로 12시간을 가야 해요. 저는 생산자들을 연대시키는 일도 서서히 진행시켰는데, 현재 이 생산자들은 멕시코 정부로부터 정식으로 인정받는 하나의 그룹이 되었습니다.

메즈칼 제조에 사용되는 아가베는 몇 가지 종류나 되나요?

글쎄요. 일반적인 기준으로 아가베는 대략 30종이 있지만, 이 각각의 아가베는 여러 생산자들 사이에서 세 가지의 다른 이름으로 불립니다. 또 이 30여 종의 아가베 중 일부는 충분히 발육하기까지 무려 25-30년이 걸립니다. 특히 야생종인 토발라(tobala) 아가베는 송로버섯처럼 아주 고도가 높은 환경의 오크나무 그늘에서만 자라죠.

메즈칼도 숙성을 시키나요?

저희가 출시하는 메즈칼의 99%는 숙성 없이 바로 병에 담깁니다. 하지만 저는 이 일을 시작했던 초반에 스테인리스스틸 맥주통에 메즈칼을 넣곤 했습니다. 얼마 후에 보니 변화가 일어나더군요. 숙성되면서 조금 부드러워졌어요. 그렇게 풍미가 부드러워진 건 산화 때문이었을 겁니다. 처음으로 병입시켜 판매했던 최초의 메즈칼은 몇 병 안 되지만 지금도 남아 있는데 그 얘기도 해보자면, 오악사카 주에서 남쪽, 차로 2시간 거리에 위치한 작은 마을인 치치카파의 작은 증류소에서 제조한 1995년산 메즈칼이었는데, 너무 많이 병입을 했던 탓인지 바로 다 팔지는 못했어요. 그런데 그 제조 증류업자가 들렀다가 창고에 보관해두었던 한 병을 맛보더니 놀라서 입을 떡 벌리더군요. 그 사람은 뭐든 6개월 이상은 끈기 있게 매달리지 못하는 스타일이라 병 숙성으로 풍미가 달라지는 것을 처음 느껴본 겁니다.

델 마게이를 세 단어로 말한다면요?

진정한 아가베의 어머니요.

테킬라와 메즈칼의 필수 상식 다섯 가지

1.

테킬라는 아가베 베이스 스피릿의 일종이며, 이것은 메즈칼도 마찬가지다. 둘 사이의 주된 차이라면 테킬라는 아가베 테킬라나 웨버 블루(Agave tequilana Weber Blue), 즉 블루 아가베를 원료로 써야 하지만, 메즈칼은 사용 가능한 아가베의 품종이 더 폭넓다는 점이다.

2.

비숙성 테킬라는 블랑코, 또는 때때로 실버 테킬라(Silver Tequila)로 불린다. 숙성 테킬라(레포사도 또는 아녜호)는 대개 재사용 미국산 버번통과 프랑스산 와인통에 담거나, 혹은 나무의 풍미를 더 끌어내기 위해 안쪽을 불에 그을린 새 오크통에 담아 숙성시킨다.

3.

메즈칼은 흔히 특유의 스모키 향과 풍미의 프로필을 띠는데, 이것은 전통 방식에 따라 땅에 깊은 구덩이를 파고 그 속에 돌을 채워 넣은 뒤, 나무나 쓸모없어 버리는 아가베 잎사귀를 덮어놓고 그 위에서 아가베 피냐를 오랜 시간 동안 가열하는 제조법 때문이다.

4.

세계에서 가장 비싼 테킬라는 울트라 프리미엄 테킬라 레이 .925 파시옹 아스테카(Ultra Premium Tequila Ley .925 Pasión Azteca)로, 한 병의 가격이 어마어마하게 비싸서 무려 22만 5천 달러에 달한다.

5.

멕시코의 과학자들은 800°C의 고열로 테킬라를 가열해, 진짜 다이아몬드를 만드는 방법까지 개발했다. 하지만 이 다이아몬드는 장식용으로 차고 다닐 순 없다. 너무 작아서 마이크로칩이나 초미세 절단기를 만드는 용도로만 응용 가능하다.

메즈칼과 멕시코의 테루아

메즈칼은 여러 품종의 아가베를 자유롭게 사용할 수 있기 때문에 테킬라에 비해 훨씬 더 독특한 풍미가 개발되어 왔다. 그리고 어쩌면 그 덕분에 메즈칼이 다른 스피릿들과는 독보적인, 테루아가 담긴 스피릿으로 거듭난 것인지 모른다.

은은한 스모키 풍미
↓

몇몇 감식가들은 메즈칼을 스코틀랜드의 이너 헤브리디스 제도(Inner hebrides)의 아일레이 섬에서 제조되는 스모키 풍미가 뚜렷한 위스키, 그중에서도 특히 라프로익(Laphroaig)이나 라가불린(Lagavulin) 같은 위스키에 비유한다. 사실, 메즈칼은 아가베 피냐를 가공하는 첫 번째 단계에서 스모키 풍미와 향을 배이게 한다. 농부들은 아가베 피냐를 증기 가열 오븐에 넣어 익히는 것이 아니라, 구덩이를 깊이 파서 장작과 돌로 채워넣은 뒤에 그 위에서 8시간 이상 피냐를 서서히 익힌다. 그리고 불길이 사그라들면 이제 구덩이 위에 쓸모없어 버리는 아가베의 잎사귀, 방수 시트, 흙을 덮은 다음, 여기에 피냐를 놓아 재와 숯에 남아 있는 오일리하고 스모키한 풍미를 서서히 배어들도록 최대 5일까지 그대로 둔다. 이렇게 배인 스모키 풍미는 병 속까지 고스란히 담기는데 메즈칼에 따라 스모키 풍미가 희미하게만 느껴지는 정도도 있고, 코와 입안에 모닥불이 연상될 만큼의 강렬한 느낌을 선사하기도 한다.

야생효모 발효
↓

크래프트 스몰배치 메즈칼은 대부분 증류소 주변의 공기 중에 자연적으로 존재하는 야생효모를 이용해 발효되며, 이런 효모는 최종 스피릿의 전반적 특징에 일조하기도 한다. 기분 좋도록 달콤하고 감미로운 즙이 아가베에서 알코올로 변화되는 과정에서 야생효모가 아주 유용한 역할을 하기 때문이다. 전통적 방식의 메즈칼은 공기 중에 노출시킨 상태로 발효되며 그 발효 기간은 최대 14일에서 30일에 이른다.

포도의 품종처럼, 아가베 역시 품종별로 메즈칼의 풍미에 본질적 차이를 부여해준다. 메시코의 기복 많은 산악 지형, 토양 유형, 뜨거운 기후에 적응하느라 특정 아가베 품종들은 뛰어난 생존능력을 갖추게 되었다. 주로 사용되는 품종인 에스파딘(espadín, 또는 'sword(검)' 품종)과 테페스타테(tepestate)를 비롯해, 아가베는 대체로 5-6년생부터 수확하지만 야생종 토발라같이 특이한 몇몇 품종은 더 척박한 토양 조건에서 자라는 탓에 숙성되려면 더 긴 시간을 필요로 한다.

아가베는 밤에는 기공(氣孔)을 열어 대기에서 수분을 흡수하고 낮에는 기공을 꼭 닫아 귀한 즙이 빠져나가지 못하게 막는다. 하지만 메즈칼을 제조하는 오악사카에서는 우기인 6월과 8월 사이에는 일부러 아가베를 수확되지 않는데, 델 마게이 메즈칼의 설립자 론 쿠퍼는 그 이유를 이렇게 설명했다. "지하수가 뿌리로 흘러들어가 아가베에 쓴맛이 배게 되는데, 그런 아가베로 스피릿을 제조하면 품질이 떨어지게 되죠. 그래서 우리는 아가베가 완전히 마르도록 9월이나 10월까지 기다렸다가 수확합니다."

대부분의 영세 메즈칼 제조자들은 여전히 증류 중에 맛을 보며 테스트하는 방법에 의존한다. 도중에 파산하지만 않는다면….

테킬라

벌레의 (고마운) 탈바꿈

"저도 거의 18년이나 그 망할 놈의 벌레를 죽이느라 기를 썼죠. 마침내 그러길 그만둔 지 오래지만요." 델 마게이 메즈칼의 설립자 론 쿠퍼가 웃으며 말했다. 론은 계속 말을 이었다. "아무튼 메즈칼 병에 벌레가 들어가게 된 얘기는 1940년대로 거슬러 간다고 합니다. 그때 텍사스의 주류 판매점에서 일하던 어떤 미대생이 유리병을 재활용해서 파는 식으로 부업을 해서 돈을 좀 벌기 시작했어요. 그러다 이 미대생은 병에 싸구려 술을 채워 팔면 더 많은 돈을 벌 수 있겠다는 생각을 하게 됩니다. 그래서 가장 싼 메즈칼을 찾으러 오악사카로 가죠. 그렇게 해서 찾은 것이 최적시기가 지난, 그것도 썩어 문드러지고 벌레가 들끓는 상태인 아가베를 수확해서 만들어진 스피릿이었어요. 아니, 정확히 말하면 벌레라기보다 나방의 유충이었지만요. 그리고 병마다 벌레를 하나씩 집어넣자는 재치 있는 제안에 따라, 미국 최초의 상업적 메즈칼 중 하나인 구사노 로호(Gusano Rojo, '붉은 벌레')라는 브랜드의 메즈칼이 탄생했습니다."

현재도 구사노 로호 메즈칼에는 여전히 꿈틀거리는 미쉐린맨(미쉐린 타이어의 마스코트)처럼 생긴 이 재미있는 벌레가 들어가 있다. 도시 사람들 사이에는 벌레를 먹으면 환각 효과를 내준다는 속설이 있지만, 이 스피릿을 과음했다간 유체이탈 비슷한 경험을 하기보다는 끔찍한 숙취에 시달릴 가능성이 더 높다.

테킬라와 메즈칼을 즐기는 요령

테킬라는 적절한 종류의 잔에 따라 홀짝이며 음미하면 그 어떤 다크 스피릿 못지않게 매혹적일 수 있다. 브랜드마다 또 스타일마다 독특한 풍미뿐만 아니라 복합적 느낌을 선사해준다. 이것은 메즈칼의 경우도 마찬가지이며 그 정도가 더하면 더했지 덜하진 않다.

"메즈칼을 단순무식한 마초가 취하도록 들이키는 술로 생각해서는 안 됩니다." 이것이 론 쿠퍼의 생각이다. 사실, 메즈칼은 아일레이 위스키의 복합적 풍미와 유사점이 아주 많아서, 노징 글라스와 와인 잔에 담아 숨을 쉬게 해주면 신선한 과일과 흙 특유의 풍미가 멋지게 배경으로 깔리면서 그 위로 은은한 스모키 향이 풍긴다.

하지만 이번 코너에서는 테킬라와 메즈칼을 음미하는, 보다 조심스럽고 또 어쩌면 분별 있는 음미 방법과는 또 다른 음미법을 소개하고 싶다. 역사상 가장 꾸준한 사랑을 받아온 칵테일 마르가리타를 제대로 조주하려면 테킬라가 꼭 필요하다는 사실을 잊지 말자는 것이다. 또한 이의의 여지가 없는 이 명작 칵테일의 최고 서빙 사례가 될 법한 팁 하나를 더 보태자면, 메즈칼을 나란히 서빙해보라는 것이다.

미국과의 국경에서 그리 멀지 않은 멕시코 북부의 고지에는 치와와(Chihuahua)라는 도시가 있다. 치와와는 멕시코의 또 다른 국민주인 소톨의 정신적 고향이다. 좀처럼 찾아보기 힘든 이 스피릿은 테킬라나 메즈칼과 제조법이 상당히 비슷하지만, 베이스 재료는 다실리리온 휠레리(Dasylirion wheeleri), 혹은 데저트 스푼(desert spoon)이라는 식물로서 관목 같은 생김새에 즙이 많은 또 하나의 아가베 품종이다. 소톨은 상업적 생산자들이 극소수에 불과해서 제품이 다양하게 갖추어진 뛰어난 스피릿 판매점이 아니라면 찾아보기 힘들겠지만 혹시 찾게 된다면 음미해볼 가치가 충분하다. 허브 풍미가 더 강하며 거의 뿌리 계열의 알싸함이 느껴지는 것이 특징이다.

테킬라에 대한 편견은 버려라. 100% 아가베 테킬라에서 느껴지는 복합적 풍미는 관심을 기울여 음미해볼 만하다.

토미스 마르가리타(Tommy's Margarita)

미국 샌프란시스코의 유명한 멕시칸 레스토랑 토미스(Tommy's)에서 처음 고안하여 그 이름을 딴 칵테일로, 한마디로 표현해 클래식 마르가리타의 심플하면서도 감탄이 우러나는 버전이다. 100% 아가베로 제조된 레포사도 테킬라와 신선한 재료들을 혼합하여 조주하는 이 칵테일은 테킬라의 세계를 새롭게 소개하는 데 더없이 좋은 방법일 것이다. 이 칵테일의 키포인트는 아가베 시럽의 천연의 단맛, 생라임의 톡 터지는 시트러스 풍미, 레포사도 테킬라의 깔끔하면서도 놀랍도록 원숙한 프로필이 서로 균형을 이루면서 여기에 더해 달콤한 맛과 바닐라 향을 느끼게 해주는 것이다.

재료

- 레포사도 테킬라 50㎖(계량컵 2잔)
  특히 에라두라 레포사도의 사용을 추천한다
- 생라임 주스 25㎖(계량컵 1잔)
- 아가베 시럽 12㎖(계량컵 1/2잔)

다행스럽게도 현재는 여러 마트와 건강식품 판매점에서 아가베 시럽을 더 쉽게 구할 수 있게 되었다. 아가베 시럽은 아주 달콤하지만 아마 다른 시럽보다는 훨씬 건강에 유익할 것이다. 물론 우리도 우리가 아침에 먹는 포리지(Porridge)에 이 시럽을 넣는 것에는 좀 확신이 없지만 말이다.

조주법

모든 재료를 깨끗한 얼음과 함께 칵테일 셰이커에 넣는다. 미친 듯이 셰이킹한 후 여과하여 마르가리타 글라스(Margarita glass)에 따르거나, 아니면 새롭게 텀블러 글라스에 얼음을 채우고 따른다. 마지막으로 라임 조각을 얹어 장식한다.

오악사카 올드 패션드(Oaxaca Old Fashioned)

클래식 칵테일의 베이스를 정말로 독특하면서도 멕시코 특유의 풍미가 확실히 담긴 뭔가로 바꿔
볼 거이다 메즈칼의 스모키한 풍미가 올드 패션드 칵테일에 독특한 즐거움을 더해주는 한편, 풍부
한 달콤함이나 강한 오렌지 풍미와도 멋진 궁합을 이룬다.

재료

- 델 마게이 비다 싱글 빌리지 메즈칼
  Del Maguey Vida Single Village Mezcal
  50㎖(계량컵 2잔)
- 갈색설탕 시럽 또는 갈색 각설탕 12㎖
  (계량컵 1/2잔)
- 앙고스투라 비터(Angostura bitters) 3방울
- 막 벗겨낸 오렌지와 레몬의 껍질 조각

조주법

큼지막한 락스 글라스에 재료들을 넣고 저어주고
얼음을 넣어 칵테일을 희석시키면서, 천천히 여유
를 갖고 조주한다. 조주 시간은 5분 이하이며 (각설
탕을 녹이는 경우라면 더 길어지겠지만) 저어주기
에 지칠 만큼 그렇게 힘들지도 않다.

추천 테킬라, 메즈칼(그리고 소톨) 10선

이 멋진 두 스피릿은 사실상 같은 원단(뛰어난 식물인 아가베)으로 재단된 셈이지만 풍미 면에서는 서로 독자성을 가진다. 그래서 이 자리에서는 당신이 맛본 적 없을지 모를 아주 흥미로운 테킬라와 더불어 아주 잘 만들어진 메즈칼을 소개하면서, 여기에 덤으로 소톨도 몇 가지 넣었다.

델 마게이 페추가 싱글 빌리지 메즈칼
DEL MAGUEY PECHUGA SINGLE VILLAGE MEZCAL
49% | 멕시코 오악사카 주

페추가는 3차 증류까지 거친 메즈칼로, 특이하게도 최종 증류 과정에서 바구니에 과일, 향료, 통 닭가슴살을 넣어 제조된다. 이 기분 좋은 재료가 담긴 바구니로 증기가 통과하는 과정에서 최종 스피릿에는 과일과 육류 계열의 멋진 풍미와 더불어 메즈칼 특유의 깔끔하고 차분한 채소류 계열의 향이 배어든다. 정말로 섬세한데다, 전 세계적으로 가장 인기 있는 메즈칼로 꼽히는 스피릿이다.

타파티오 레포사도 테킬라
TAPATIO REPOSADO TEQUILA
38% | 멕시코 할리스코 주 아란다스(Arandas)

테킬라의 걸작으로 꼽히는 이 레포사도는, 테킬라 제조계의 진정한 대부라고 할 만한 카를로스 카마레나(Carlos Camarena)의 손길을 거치면서 100% 블루 아가베를 원료로 제조된다. 약 4개월 동안 재사용 버번통에서 안식을 취하여, 진한 버터 계열 향에 더불어 시트러스의 상큼한 풍미가 뚜렷하며 흙내가 살짝 배어 난다. 강렬하면서도 상쾌하고 깔끔한 매력까지 겸비하고 있다.

오초 블랑코 테킬라
OCHO BLANCO TEQUILA
40% | 멕시코 할리스코 주

명인 카를로스 카마레나의 또 하나의 걸작품으로서 입안에 아주 기분 좋을 만큼 깔끔한 느낌을 선사하며 상큼한 라임의 풍미와 비교적 달콤한 채소 계열의 향을 띠고 있다. 또 강렬한 상쾌함에 뒤이어 백후추 특유의 풍미가 살짝 전해진다. 오초 블랑코 테킬라는 테킬라의 장점인 다재다능성을 제대로 갖추고 있어서 맛좋은 블러디 마리아를 조주하기에도 제격이지만, 팰러트 클렌저(Palate Cleanser)로 홀짝이기에도 적절할 만큼 부드럽다.

아시엔다 데 치와와 소톨 아녜호
HACIENDA DE CHIHUAHUA SOTOL AÑEJO
38% | 멕시코 치와와

아시엔다 데 치와와는 멕시코 스피릿 일가의 한 가족인 소톨의 생산자 가운데 가장 유명할 것이다. 충분히 자랄 때까지 길면 15년까지도 걸리는 데저트 스푼을 베이스로 써서 제조되는 소톨은, 테킬라보다 더 스파이시하고 허브 계열 향이 진하다. 특히 이 소톨은 프랑스산 와인통에서 6개월간 숙성을 거친 것으로 흙 특유의 풍미와 함께 감초, 레몬그라스, 말린 과일의 풍미를 선사한다.

그란 센테나리오 로산젤 테킬라
GRAN CENTENARIO ROSANGEL TEQUILA
40% | 멕시코 할리스코 주 로스 카미치네스(Los Camichines), 아시엔다(Hacienda)

순수주의자들이라면 여기에 이 테킬라를 끼워 넣은 것에 얼굴을 찡그릴지 모르지만, 본인이 맛있어서 마시겠다면 그건 누구든 뭐라고 할 일이 못 된다. 이 로산젤 테킬라는 레포사도 스타일의 테킬라로, 프랑스산 통에서 10개월간 숙성을 거치는 것으로 시작해 그 다음엔 달콤한 과수원 과일의 향이 배어나오도록 오래된 포트 통에서 2개월간 안식을 취하다가, 히비스커스 꽃을 넣어 우려진다.

레이 솔 엑스트라 아녜호 테킬라
REY SOL EXTRA AÑEJO TEQUILA
40% | 멕시코 할리스코 주 로스 알토스

'엑스트라 아녜호'는 테킬라의 세계에서는 비교적 새로운 개념으로서, 2006년에 오크통에서 최소 3년간 숙성을 거치며 복합적이고 부드러운 풍미가 더해진 테킬라를 가리키는 명칭으로 규정되었다. 레이 솔 엑스트라 아녜호 테킬라는 이런 장기 숙성 테킬라 가운데서도 특히 뛰어난 스피릿으로서, 프랑스산 오크통에서 6년간 숙성된다. 말린 과일의 미묘한 향에 구운 맥아와 스파이시 풍미가 어우러져 있다. 위스키와 아르마냑 애호가에게 추천하기에 최고의 테킬라다.

일레갈 메즈칼 호벤
ILEGAL MEZCAL JOVEN
40% | 과테말라(via Oaxaca!), 멕시코

지난 2004년, 존 렉슬러(John Rexler)는 오악사카에서 찾을 수 있는 한 최고의 메즈칼을 수입(밀수)하여 자신의 바, 카페 노 세(Café No Sé)에 쟁여놓기 시작했다. 처음엔 한 병이던 것이 다섯 병, 열 병으로 늘더니 어느새 온갖 사람을 통해 불법으로 스피릿을 들여오게 되었던 것이다. 그러다 2009년부터는 합법적으로 거래를 시작했다. 이 메즈칼은 약초 연기, 말린 후추 열매, 익힌 뿌리채소의 향과 더불어 토피(설탕, 버터, 땅콩을 섞어서 만든 캔디)/팝콘 특유의 달콤한 풍미가 특징이다.

아쿠아리바 레포사토 바르 테킬라
AQUARIVA REPOSADO BAR TEQUILA
38% | 멕시코 할리스코 주 로스 알토스(Los Altos)

배우이자 작고한 영국의 코미디언 케니 에버렛(Kenny Everett)의 동료인 클레오 로코스(Cleo Rocos)는 테킬라 분야의 존경받는 권위자로 인정받고 있으며, 이 아쿠아리바 테킬라는 따로 홀짝이건 혼합하여 마시건 똑같이 일품인 고품질의 100% 블루 아가베 테킬라 제조를 위해 그녀가 수년간 개발을 거듭한 결과물이다. 버번통에서 최소 3년간의 숙성을 거치면서 배어난 상큼한 과일, 아카시아 꿀, 귀리 비스킷의 향이 인상적이다.

델 마게이 비다 싱글 빌리지 메즈칼
DEL MAGUEY VIDA SINGLE VILLAGE MEZCAL
42% | 멕시코 오악사카 주

델 마게이를 너무 편애하고 싶지는 않지만, 앞에서 이미 소개한 같은 형제격의 메즈칼 페추가에 더해 이 뛰어난 메즈칼도 함께 넣지 않을 수가 없었다. 독특한 스피릿인 메즈칼을 제대로 소개하기 위해서는 어쩔 수 없는 선택이었다. 그만큼 이 비다는 메즈칼에 처음 입문하는 사람에게 필요한 모든 요소를 갖추고 있다. 미묘한 스모키 풍미를 비롯해, 흑후추와 상큼한 과일 풍미는 물론, 아일레이 스카치위스키를 연상시키는 강렬한 약초 향까지 모두 다 느껴볼 수 있다.

로스 단산테스 아녜호 메즈칼
LOS DANZANTES AÑEJO MEZCAL
45.4% | 멕시코 오악사카 주 산티아고 마타틀란(Santiago Matatlán)

'댄서들'이라는 뜻을 가진 로스 단산테스는 멕시코 남부 지역의 인기 있는 레스토랑 체인으로 구스타보 무뇨스(Gustavo Muñoz)가 설립자다. 구스타보 무뇨스는 이 레스토랑 설립 후에 증류업자로 변신하여 1997년에 장인적 정신의 소규모 증류소를 세웠고, 현재 이 증류소에서 진귀한 제품이 제조되고 있다. 바로 프랑스 리무쟁(Limousin)산의 오크 통에서 숙성시킨 레포사도 및 아녜호 스타일의 메즈칼이다. 이 아녜호는 짙은 벌집 향을 띠며, 부드러운 스모키 풍미와 은은한 생바나나 풍미, 그리고 오크 특유의 강렬한 풍미가 느껴진다.

압생트
ABSINTHE

이름

압생트. 쑥의 일종인 그랜드 웜 우드의 라틴어 학명 '아르테미시아 앱신튬'에서 유래됨.

기원

1790년대에 스위스에서 처음 제조된 이후 프랑스 국경을 넘어 보급됨.

색

전통적으로 프랑스산 압생트는 옅은 옥빛에서부터 밝고 생생한 녹색까지 다양하며, 스위스의 압생트는 전통적으로 무색투명함.

주요 제조국

프랑스, 스위스, 체코, 미국(2007년 이후부터).

최대 판매 브랜드

라페, 페르노, 루시드.

주원료

중성 주정을 재증류함. 또는 때때로 그린 아니시드, 회향풀, 그리고 무엇보다도 중요한 원료인 그랜드 웜우드를 그 외의 여러 가지 식물과 함께 우리기도 함.

스피릿 이야기인 이 책에 관심을 보여 책장을 펼쳤다면, 당신은 틀림없이 알코올이 심신에 미치는 영향에 대해 잘 아는 사람일 것이다

진을 소개하면서 얘기했다시피, 18세기에 진이 커다란 인기를 끌면서 부정적 영향이 나타나자, 한때 귀한 대접을 받던 이 술은 사람을 취하게 만드는 힘 때문에 순식간에 비난의 대상이 되어 추방 직전의 지경에까지 처했다. 하지만 런던이 '마담 제네바'에 맞서 씨름하고 있었다면, 건너편인 프랑스에서는 훨씬 더 강력한 적과의 전쟁을 준비하고 있었다. 바로 라 페 베르트(la fée verte), 즉 '초록 요정' 압생트였다.

압생트는 선뜻 도전해보기 힘든 스피릿이다. 무려 70%의 높은 알코올함량, 약초 특유의 쌉싸름한 풍미, 환각성에 대한 속설 등으로 인해 기분 좋게 마시기 편한 럼이나 위스키의 대용으로 마시거나, 칵테일에 혼합하기 좋은 진이나 보드카의 대용으로 사용되기엔 무리다. 하지만 바로 이러한 점이 압생트에 대한 흥미를 자극하는 부분이다. 일부 스피릿들이 과거에 어떤 곤경을 자초했든 간에, 압생트는 악명에 관한 한 경쟁 상대가 없다. 오랫동안 여러 국가에서 불법으로 금지되었다면 어느 정도인지 알만하지 않은가? 한마디로 압생트는 스피릿 세계의 난폭꾼 같은 존재였다.

하지만 압생트는 이런저런 식으로 건강에 해로운 이미지로 결부되어 왔음에도 불구하고, 역사적으로 보면 수많은 유명인들과 인연을 맺어온 화려한 내력도 갖고 있다. 그것도 1860년대 중반부터 1914년까지 세계 전체에 유럽이 영향력을 펼쳤던 벨 에포크(Belle Époque) 시대의 문학계와 예술계의 수많은 유명인들과의 인연이라, 영원히 기억될 만한 내력이다. 그렇다면 압생트가 이런 '앙팔 테리블(Enfant Terrible, 악동)'이 되었던 이유는 뭘까?

압생트의 중심에는 아르테미시아 앱신튬, 즉 그랜드 웜우드가 있는데, 이 그랜드 웜우드로 말하자면 고대 그리스 시대 이후로 그 약효성을 칭송받아온 비범한 식물이다.

웜우드 증류액은 18세기 말에 들어와 다시 이런 약용으로써의 경로를 따르게 된다. 스위스의 쿠베(Couvet)에 살고 있던 프랑스인 의사 피에르 오디네르(Pierre Ordinaire)가 이 약초를 넣어 만병통치약을 만들면서부터였다. 이렇게 해서 탄생된 압생트는 사람들에게 인기를 끌었고 그 제조법이 어느 상업 증류업자의 수중으로 들어가게 되면서 대량으로 증류되기 시작했다. 스위스에서 제조된 압생트가 유명세를 얻자 이 업자는 프랑스 국경 너머의 퐁탈리에(Pontarlier)에 증류소를 하나 더 세웠다. 퐁탈리에는 그 이후에 압생트의 정신적 고향이 되었다. 압생트의 대표적인 브랜드 페르노 피스(Pernod Fils)는 앙리 루이 페르노(Henry-Louis Pernod)라는 이름의 이 업자가 바로 이 시기에 그 터전을 닦아 놓은 것이었다.

압생트는 약효성에 대한 소문에 힘입어 알제리 파견 부대의 말라리아 약으로 보급되면서 전성기에 들어서고 있었다. 파리의 카페와 바 역시 압생트의 간단하면서도 강력한 효과에 혹했다. 사실, 당신이 1800년대 중반에서부터 말엽에 살던 소문난 멋쟁이라면 날마다 오후 5시쯤 카페에서 잘 차려입은 친구들과 같이 모여 압생트를 음미하는, 일명 뢰르 베르트(l'heure verte, '초록의 시간')를 즐겼을 것이다. 그리고 옆 테이블을 흘끗 쳐다보면 그곳에 에두아르 마네, 툴루즈 로트레크, 반 고흐가 영감을 얻기 위해 초록빛의 잔을 응시하고 있었을 것이다. 또 카페 뒤편을 돌아보면 아르튀르 랭보, 폴 베를렌, 오스카 와일드가 '라 페 베르트'를 찬양하며 펜으로 편지나 시를 쓰고 있었으리라. 오스카 와일드는 언젠가 압생트의 후유증을 암시하는 말을 남기기도 했다. 압생트를 마시고 나면 술집 바닥에서 갑자기 튤립들이 자라나 정강이를 간질이는 듯했다고.

그렇다면 압생트가 이런 보헤미안 예술가들과 유명인들에게 이렇게까지 인기를 끌게 된 이유는 뭘까? 웜우드는 튜존(thujone)이라는 화합물을 함유하고 있는데, 주장에 따르면 이 튜존에는 향정신성의 특징이 있다. 한 예로, 다시

웜우드: (환각성이 있다고 여겨지며) 쌉싸름한 맛을 가진, 압생트의 심장.

1895년으로 거슬러 올라가 알베르 메냥(Albert Maignan)의 그림 〈라 뮤즈 베르트(La Muse Verte)〉를 살펴보자. 캔버스 위의 초자연적이고 환각적인 이미지는 초록 요정의 영향에 굴복하는 시인의 모습을 똑똑히 부각시키고 있다. 또한 예술가, 작가를 비롯해 벨 에포크 시대의 수많은 추종자들은 압생트를 정신과 창의성을 끌어올리는 수단으로 여겼다. 그렇다면 당시의 LSD가 아니냐고? 그럴지도 모르겠다. 하지만 잠깐 과학적으로 따져보자. 신체로 한가 효과가 있어나려면 압생트를 아주 많이 마셔야만 한다. 그것도 알코올 중독으로 숨이 넘어가거나, 그게 아니면 최소한 완전히 의식불명에 빠지고 말 정도로 말이다.

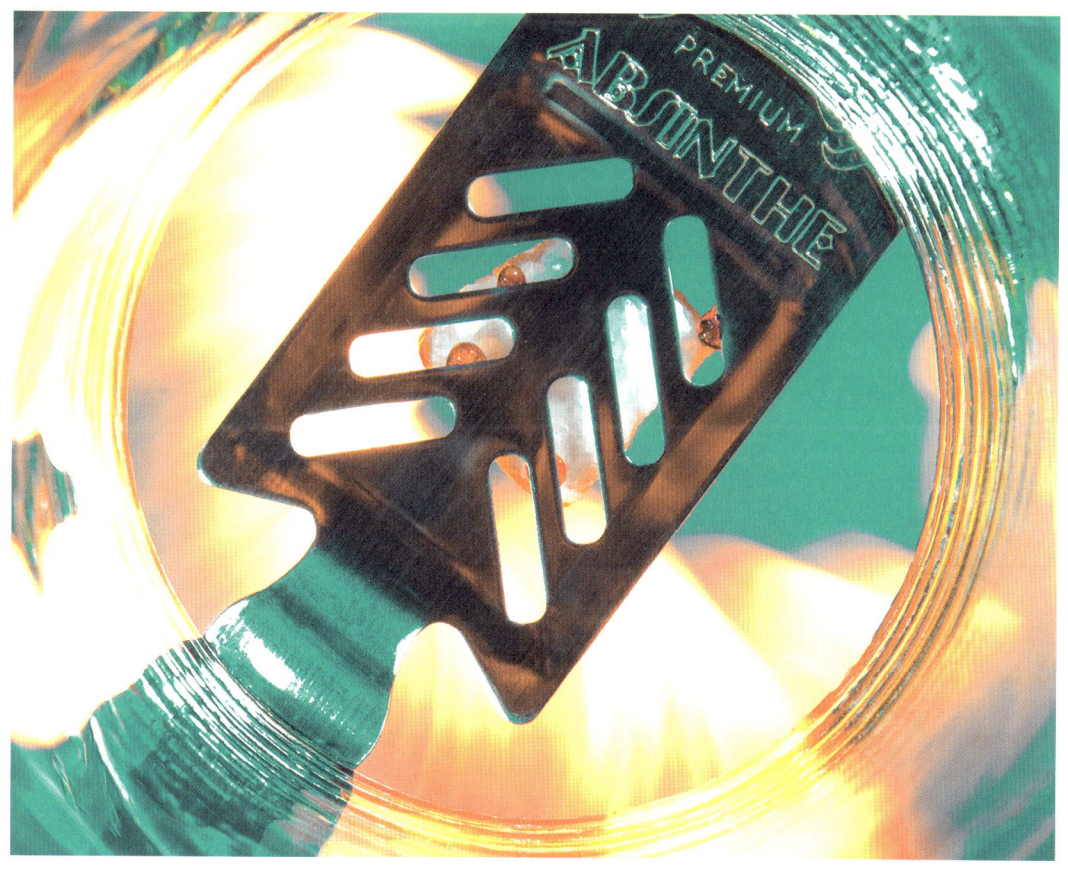

전형적인 압생트용 스푼: 전통적 방식으로 이 독한 스피릿을 서빙할 때 꼭 필요한 필수품.

1800년대 말에 들어서면서 필록세라라는 지독한 기생충 덕분에 압생트의 판매가 급증했다. 필록세라가 프랑스의 와인과 코냑 사업의 기둥이던 포도나무를 좋아했던 탓이다. 와인과 코냑의 공급량이 심하게 부족해지면서 가격이 뛰게 되었고 압생트는 프랑스 전역의 애주가들에게 손쉬운 대안으로 떠올랐다. 하지만 동시에 그 수명이 다해가고 있었다. 극히 높은 도수 탓에 급기야 사회에 손해를 입히기 시작했기 때문이다. 압생트로 인해 범죄, 알코올 중독, 소란 사태 등이 증가되자 결국 금주운동이 일어나 압생트 금지령을 요구하기에 이르렀다.

압생트의 관에 마지막 못을 박아 넣은 것은 일명 '살인자 압생트'라는 흥미로운 사건이었다. 스위스의 어떤 농부가 술에 취해 가족을 모두 죽이는 사건이 터지자 압생트가 정면으로 비난을 받았다. 그 농부가 와인과 박하 리큐어를 진탕 마시다가 이 초록색 술을 마지막에 딱 한 잔만 먹었다는 사실에는 아무도 관심을 가지지 않았다.

급기야 몇 년 후 스위스, 프랑스, 미국, 네덜란드에서 압생트 금지령이 떨어졌다. 그런데 의외로 영국에서는 금지령이 내려지지 않았고, 오히려 물량이 부족해진 탓에 압생트에 대한 관심이 시들해졌다. 1990년대에는 서툴게 제조된 압생트들이 시장에 등장했으나 과거 수준의 증류 품질에는 턱없이 못 미쳐서, 대부분이 인위적으로 풍미를 낸 높은 도수의 스피릿이었다.

하지만 다행스럽게도 수집가, 광팬, 신봉자들 덕분에 압생트는 어렵사리 제품 진열대로 복귀했고 새천년의 전환기에는 금지령도 철회되어 퐁탈리에의 원조 압생트 증류소들은 오랫동안 잊고 있던 제조법을 다시 떠올리고 있다. 또한 최근에는 수제 방식의 신생 증류소들이 압생트의 제조에서 장인정신을 되살리기 시작하면서, 현지에서 채취한 웜우드와 기타 다른 식물을 재료로 사용하여 스몰배치 방식의 뛰어난 압생트를 내놓고 있다.

현재는 클래식 칵테일과 빈티지 물건에 대한 관심이 확실히 자리 잡게 됨에 따라 어느새 압생트 요정이 다시 우아한 날개짓을 펼치면서 또 다른 추앙자 세대에게 마법을 엮어나가고 있다.

압생트 페인: 반 고흐는 이 악명 높은 스피릿의 광팬이었다고 한다.

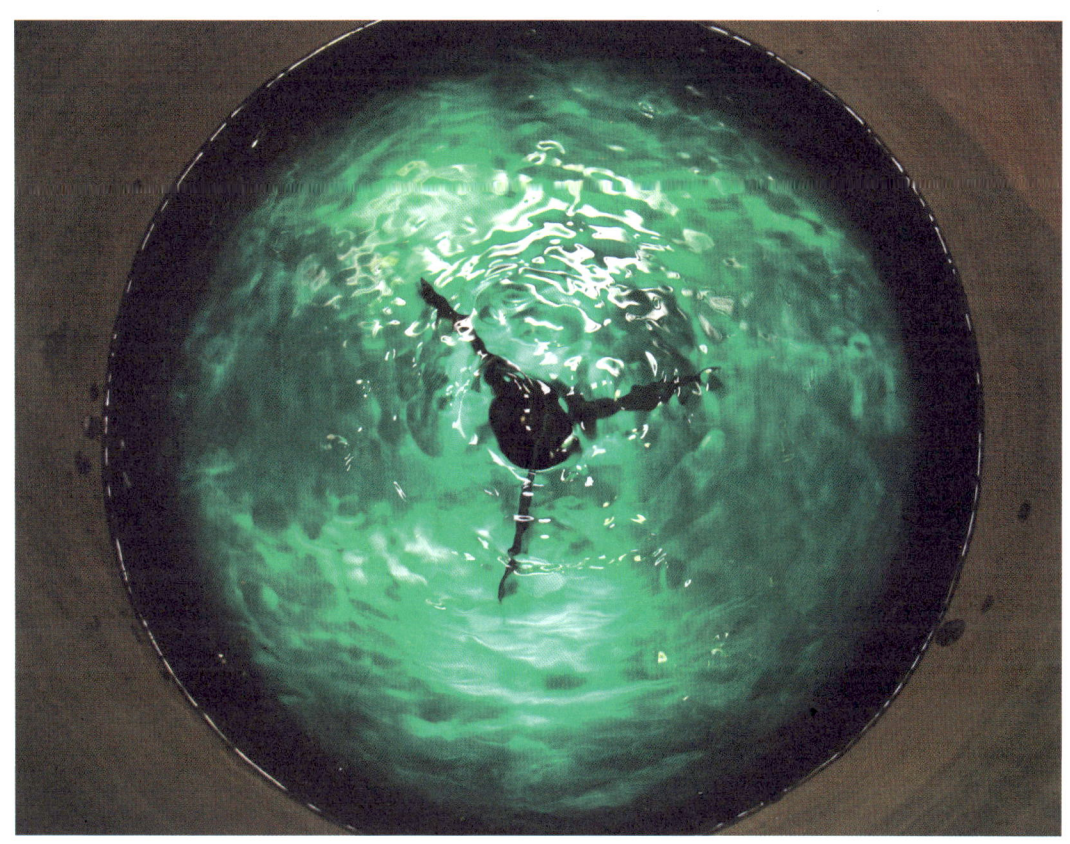

요정의 초록빛의 정체는?
↓

압생트는 대체로 도수가 상당히 높은, 알코올함량 70% 이상의 포도 베이스의 브랜디를 중성 주정으로 이용해, 가장 중요한 웜우드뿐만 아니라 회향풀과 초록색 아니스 열매를 비롯한 기본적 풍미 원료와 함께 재증류시키는 식으로 제조한다. 다수의 압생트 제품이 병에 담기 전에 인공색소를 섞어 초록색을 내지만, 고급 압생트 상당수는 압생트의 트레이드마크인 이 초록색을 알코올에 담그는 식물의 비율을 통해 보다 생생하고 자연스러운 빛깔로 우려낸다. 사실, 고급 압생트를 햇빛이 정면으로 비치는 곳에 놔둬보면, 천연 엽록소가 햇빛에 반응하면서 빛깔이 확연히 달라지는 것이 느껴질 것이다. 직접 확인하기 위해 정말로 압생트를 햇빛에 놓아두는 일만큼은 참아주길 바란다.

파스티스와 아라크: 아니스 열매와 친한 향기로운 술

아니스 열매가 워낙에 독특한 풍미를 지니고 있으니 그럴 만도 하겠지만, 이 풍미 그윽한 향료를 사용하는 스피릿들은 압생트 말고도 많은데 특히 파스티스(pastis)와 아라크(arak)가 대표적이다.

파스티스는 모방품이 아니다
↓

1915년에 끝내 프랑스에서 압생트 금지령이 내려지자 프랑스의 증류업자들은 압생트로 인한 공백에 편승하려 했다. 이들은 압생트에서 원흉으로 여겨지는 식물인 웜우드를 빼고 알코올 도수를 알코올함량 40-45% 선으로 크게 낮추고 아니스 열매와 감초 뿌리를 중심주자로 내세우면 아주 맛좋은 스피릿을 판매할 수 있겠다고 생각했다. 1930년대 초에 탄생된 파스티스는 압생트를 연상시키는 친숙한 풍미를 모두 갖고 있었으나 별 파문은 없었다. 페르노와 폴 리카(Paul Richard) 같은 브랜드들은 엄청난 자국 팬을 둔 덕분에 현재까지도 여전히 인기를 얻고 있다. 파스티스의 음미 방법은 압생트와 똑같이 희석해서 서빙하는 것이다. 그러면 물과 반응하면서 일명 '루쉬(louche)' 효과가 일어나 잔 안에서 안개가 피어난 듯 우유 빛깔이 된다.

아라크 - 레바논 사람들의 짜릿한 기쁨

다채로운 와인 양조의 역사로 유명한 레바논은 아라크라고 하는 독하고 풍미 그윽한 술을 대중화시키기도 했다. 파스티스와 마찬가지로, 이 투명한 빛깔의 아니스 풍미 리큐어는 보통 알코올 함량 59% 정도에서 병입된다. 아라크는 지중해 동부 지역 전역에 수많은 사촌을 거느리고 있다. 터키의 라키(raki), 그리스의 우조(ouzo) 등인데 이 스피릿들 모두 기본적으로 제조법의 뿌리가 같으며 설탕, 대추야자, 무화과를 스피릿의 주원료로 사용해 재증류하거나 아니스 열매로 풍미를 더한다.

레바논의 아라크는 마지막으로 수확한 포도를 원료로 사용하며, 통 속에서 수 주 동안 발효시킨 후 이 발효액을 수차례 증류시키고 소량의 아니스 풍미를 섞어 넣는다.

아라크는 전통적으로 식사 중에 메제(mezze, 중동의 에피타이저 요리) 스타일의 요리에 곁들여 마시며, 마카네크(makanek)나 키베(kibbe) 같이 향신료가 들어간 양고기 요리와도 잘 어울린다. 이라크에서도 이 아라크는 인기 스피릿이며 사람들 사이에서 흔히 '사자의 우유(lion's milk)'로 통하는데, 빛깔이 뽀얀 데다 높은 알코올함량 때문에 '사자처럼 강한' 사람만이 견딜 수 있다는 의미가 담겨진 말이다.

리카는 세계에서 가장 유명한 파스티스 브랜드로 꼽힌다.

압생트

조셉 파웰스키(Joseph Pawelski)
오버랜드 디스틸러리(OVERLAND DISTILERY), 미국 콜로라도 주

조셉 파웰스키는 콜로라도 주 러브랜드(Loveland)를 본거지로 삼아 전통적인 압생트의 제
조에 열중하고 있으나 재료는 철저히 미국산 웜우드를 고집한다.

증류소 운영의 원칙은 뭡니까?

오버랜드 디스틸러리는 세월 속으로 잊혀진 스피릿, 풍미, 문화를 되찾기 위해 전념하고 있습니다. 저희는 자연적으로 재배된 재료만을 사용하고, 그 재료들 대부분은 저희가 콜로라도 주의 이곳에 세워놓은 농장에서 재배하여 손으로 직접 수확합니다. 저희는 병 안에 무엇을 담느냐가 중요하다고 믿고 있습니다.

오버랜드 디스틸러리 압생트의 독특한 점이라면 뭔가요?

트리니티 압생트(Trinity Absinthe)는 몇 가지의 역사적인 압생트 제조법에 바탕을 두고 있지만 향료와 부드러움에 약간의 변형을 주어 다른 대다수 브랜드에서는 찾기 힘든 개성을 띠고 있습니다. 그래서 트리니티 압생트는 전통적 방식으로 얼음물을 섞어 마셔도, 또 칵테일로 마셔도 좋은 압생트입니다. 저희는 유기농 재료만 쓰고 허브 잎은 자연적으로 재배하여 손으로 직접 딴 후에 이곳 콜로라도 북부에서 정성껏 건조시킵니다. 그것이 지금까지 찾아낸 방법 중 저희가 원하는 품질과 풍미를 얻는 유일한 방법이니까요.

풍미의 측면에서 볼 때, 디스틸러리의 위치가 압생트의 제조에 영향을 주나요?

이곳은 높은 고도에 건조하고 햇빛이 찬란한 기후가 더해져서 그 자체로 압생트용 허브를 재배하기에 적합합니다. 와인 양조용 포도처럼 압생트용 허브들도 자라는 지역의 풍미를 어느 정도 흡수하게 됩니다. 저희 경험상 퐁탈리에나 다른 주요 압생트 생산지역의 샘플과 비교해서, 콜로라도의 허브는 향이 더 그윽하고 웜우드의 맛도 더욱 달콤하고 꽃향기가 풍부합니다. 저희가 아는 한, 콜로라도에서 웜우드나 그 밖의 압생트용 허브를 공식적으로 재배한 것은 저희가 처음이라 초반에는 실험이었습니다. 그런데 키워보니 허브의 품질이 너무 좋아서 놀라웠습니다.

크래프트 증류업자로서의 그 열정은 어디에서 나오는 건가요?

창의성이죠. 세상에는 좋은 것이든 나쁜 것이든, 수 세대에 걸쳐 변함없는 것들이 많습니다. 크래프트 증류에서 창의성이란 오랜 전통의 좋은 면을 기초로 삼되, 부족한 면을 최고의 면으로 바꾸는 재량도 발휘하는 것입니다. 그러다 보면 때때로 새롭고 맛좋은 작품이 만들어집니다.

크래프트 증류업자로 활동하면서 그동안 배우신 교훈이 있다면요?

저에게 열정이 없었다면 이 일을 하지 못했을 겁니다. 크래프트 증류업자가 되려면 전문 기술, 회계 처리, 마케팅, 엄청난 인내력, 어느 정도의 사업 밑천, 그리고 무엇보다도 고집이 필요합니다.

앞으로의 계획은 어떻게 되십니까?

압생트가 예전처럼 바에 기본적으로 비치되는 스피릿이 되는 것을 보고 싶습니다. 물론 그 기본 비치품이 트리니티 압생트가 된다면 더 좋겠지요. 진이나 위스키처럼 압생트의 종류가 다양해진다면 좋겠습니다.

압생트 제대로 즐기기

압생트가 험난한 시절을 그럭저럭 넘어온 한 원인을 꼽는다면, 일종의 의식처럼 어김없이 따르는 압생트의 전통적 준비 절차다. 압생트는 관례적으로 도수가 높은 편이다. 역사적으로 압생트는 증류 후 알코올함량 60-75% 정도의 상태에서 바로 병입되었고, 이 전통은 현재까지도 이어지고 있다. 때문에 알코올의 손아귀로부터 풍미가 벗어날 수 있도록 해주어야 한다. 그래서 압생트를 서빙할 때는 물과 스피릿의 비율을 3:1로 신중하게 맞추곤 한다.

죄짓는 서빙법
↓

구멍이 뚫린 압생트 전용 스푼 위에 각설탕을 얹고, 그 각설탕에 압생트 몇 방울을 뿌린 후 불을 붙여서 마시는 이들이 있다. 하지만 누군가 그렇게 하려고 한다면 불을 못 붙이게 라이터를 빼앗아야 한다. 설탕이 잔 안으로 녹아 들어가도록 압생트를 뿌린 각설탕에 불을 붙이는 이런 정열적인 방식은 전통적 방식인 '프렌치 메소드(French Method)'와는 전혀 다르다. 사실, 불을 붙이는 이 '보헤미안 메소드(Bohemian Method)'는 1990년대에 체코에서 개발된 것으로, 질 떨어지는 압생트의 끔찍한 맛을 마실 만한 맛으로 위장시키는 것이 목적이었다.

전통적인 서빙법
↓

작은 각설탕을 구멍 뚫린 압생트 전용 은 스푼에 얹어 그 위로 얼음물을 천천히 뚝뚝 떨어뜨려 더 달콤한 맛을 내주는 방식. 이렇게 하면 물이 웜우드, 회향풀, 아니스 열매의 방향유(芳香油)와 반응하면서 '루쉬' 효과가 일어나 잔 안에 안개가 피어난 듯 빛깔이 뿌얘진다.

서빙의 '성배'
↓

1900년대 초에 압생트의 인기가 높아지면서 '이상적인' 서빙 방식에 대한 관심도 높아졌다. 증류소, 바, 카페들은 압생트 애호가들에게 최상의 경험을 선사하기 위해 애쓰면서, 설탕을 얹어 녹이는 용도로 장식성 높은 디자인의 스푼을 만들었는가 하면 압생트 파운틴(Absinthe Fountain)이라는 것도 만들어냈다. 압생트 파운틴은 대개 4인분용의 디스펜서로, 작은 꼭지를 통해 밑에 받쳐진 잔 안으로 얼음물을 쉽게 떨어뜨리게 해주는 기구다. 당연히 목적에 맞춰 디자인된 것이었다. 현재도 '압생트를 체험해보는 것'에 대한 호감도가 상승하면서, 앤티크한 파운틴과 스푼을 갖추어둔 바들이 생겨나고 있다. 이런 소품들은 박물관의 전시품처럼 보일지 모르지만 압생트의 무대를 완벽하게 꾸며주는 기구들이다. 압생트는 본질적으로 '느긋하게 즐기는' 스피릿이다. 초록 요정 앞에서는 서두르지 말아야 한다.

루쉬, 영적이거나 과학적이거나?
↓

신비로운 루쉬는 초록 요정을 해방시켜주는 것이 아닐까? 영국 콘월 주 소재 사우스웨스턴 디스틸러리(Southwestern Distillery)의 타킨 리드베터(Tarquin Leadbetter)에 따르면 압생트는 물론 파스티스에서도 일어나는 이 신기한 현상의 원인은 아니스 열매에 아주 풍부하게 함유되어 있는 방향유 때문이다. 이 방향유는 스피릿에서는 녹지만 물과 만나면 녹지 않는다고 한다. 그래서 물로 희석이 되면 이 오일성 성분이 스피릿에서 자유롭게 풀려나면서 잔 안으로 구름이 퍼지듯 빛깔이 뽀얘지는 현상이 나타난다. 다시 말해 루쉬는 과학적 현상이지만, 우리는 여전히 요정을 믿는다…….

물을 떨어뜨려주는 파운틴. 차가운 물을 똑똑 떨어뜨려
희석시키는 이런 식의 압생트 전통 서빙법을 보면
기네스 맥주의 '천천히 따르는' 클래식 서빙법도
성급한 것처럼 보인다!

콥스 리바이버 No.2(Corpse Reviver No.2)

압생트는 아니스 열매, 회향풀, 쌉싸름한 웜우드가 중심을 이루는, 상당히 진전되고 강렬한 풍미를 띠고 있어서 칵테일에 섞기에는, 그것도 특히 주재료로 사용하기에는 거친 야수와 같은 면이 있다. 하지만 칵테일 글라스의 '코팅' 용도로 이용하거나 소량을 넣는 식으로 살짝만 쓰면, 여러 가지 클래식 칵테일에 굉장한 복합성을 부여해주기도 한다. 특히 '시체를 되살아나게 한다'라는 뜻의 인상적인 이름을 가진 콥스 리바이버 No.2에서 그런 특성이 가장 부각된다. 참고로, 이 콥스 리바이버 No.2는 1920년대에 런던 사보이 호텔의 바텐더 해리 크래독(Harry Craddock)이 처음으로 대중화시킨 칵테일이다.

재료

- 런던 드라이 진 20㎖(계량컵 3/4잔)
  비피터의 오리지널 진이 아주 잘 맞음
- 쿠앵트로(cointreau, 오렌지 향이 나는
  순한 리큐어) 20㎖(계량컵 3/4잔)
- 시트러스 풍미가 풍성한 주정강화 와인,
  릴레 블랑(Lillet Blanc) 20㎖(계량컵 3/4잔)
- 신선한 레몬주스 20㎖(계량컵 3/4잔)
- 압생트 10㎖(계량컵 1/3이 약간 안 되는 양)
- 가니시용 레몬 껍질 조각

조주법

모든 재료를 얼음과 함께 셰이커에 넣은 후, 머리가 띵해지면서 요정들이 보일 지경이 될 때까지 미친 듯이 흔든다. 차갑게 냉각시킨 마티니 잔에 여과기에 걸러 따르고 레몬 껍질 조각으로 가니시한다. 이 칵테일은 숙취를 잡아주는 치유 효과가 있으며, 압생트가 들어가 미묘하면서도 개운한 허브 향이 감돈다.

추천 압생트, 파스티스 10선

압생트는 워낙에 독해서 조금씩 음미하며 마시기에는 어려운 술이다. 하지만 다음에 소개할 압생트들은 그 높은 도수에도 불구하고 독특한 제조법을 통해 잘 만들어진 스피릿에서나 느낄 수 있는 섬세함을 선사해준다.

압생트 로케트 1797
ABSINTHE ROQUETTE 1797
75% | 프랑스 퐁탈리에

압생트계의 야수인 로케트는 복합적이고 스파이시하며 독특한 특징을 띠고 있다. 압생트가 증류주와 물약 사이에서 양다리를 걸치고 있던 18세기 말의 제조법을 그대로 따르고 있으며, 그 흐릿한 초록 빛깔은 루쉬가 서서히 일어나는 사이에도 투명한 빛깔을 어느 정도 잃지 않는다. 또한 파스닙 흡사한 향이나 커민, 쌉쌀한 웜우드 향 등 채소 계열의 향으로 풍성하다. 이 압생트를 느긋하게 음미하다 보면 어느새 벨 에포크 시대로 옮겨져 간 기분이 들지도 모른다.

라 클랑데스탱 압생트
LA CLANDESTINE ABSINTHE
53% | 스위스 쿠베

압생트의 고향 스위스 발 드 트라베르(Val-de-Travers) 지역에서 제조되는 압생트. 빛깔이 투명하고 루쉬가 빠르게 일어나는 편이다. 또 민트 풍미가 뚜렷하게 느껴지며, 은은하고 감칠맛 도는 향과 깔끔한 회향풀의 아로마가 특징이다. 다른 압생트와 비교해 꽤 달콤한 편이라 설탕은 아주 조금만 섞어야 한다. 입안에서 아니스 열매의 풍미가 확 퍼지며, 후추의 톡 쏘는 여운이 오랫동안 남는다. 프랑스풍 압생트가 기호에 맞지 않는다면, 더 찾아볼 것도 없이 이 압생트가 딱이다.

사우스웨스턴 디스틸러리 파스티스
SOUTHWESTERN DISTILLERY PASTIS
42% | 영국 콘월 주

우리들 개인적으로는 도저히 거부할 수가 없는 콘월 지역 특유의 파스티스다. 타킨 리드베터가 세운 소규모 증류소 웨스트 컨트리(West Country)에서 빚어내는 이 파스티스는 프랑스 이외의 지역에서 증류된 최초의 파스티스로, 한 번에 300병 분량의 소용량씩만 공들여 제조된다. 또한 현지의 절벽 꼭대기에서 달콤한 코코넛 향을 부여해주는 가시금작화를 채취하여, 아니스 열매, 생오렌지 껍질 등의 보다 전통적인 허브 식물과 함께 증류시키고 있다.

라 페 XS 압생트 쉬스
LA FÉE XS ABSINTHE SUISSE
53% | 스위스

압생트가 새천년의 전환기에 새롭게 대중에게 선보여진 이후로 최고의 인기를 누리는 브랜드다. 라 클랑데스탱처럼 아주 투명하며 루쉬가 아주 빠르다. 처음엔 드라이하고 약 같은 향이 강하게 퍼지다가 뒤이어 보다 친근한 아니스 향이 느껴진다. 프랑스의 일부 압생트에 비해 강렬함이 덜하며 입안에 크리미한 느낌을 선사한다.

아드남스 루즈 압생트
ADNAMS ROUGE ABSINTHE
66% | 영국 서퍽 주 사우스월드(Southwold)

구리 소재로 지어져 반짝반짝 빛나는, 사우스월드 소재의 아드남스 디스틸러리(Adnams Distillery)에서 증류되는 이 압생트는 의도적으로 전통을 거슬러, 초록 요정을 몰아내고 훨씬 더 생생하고 강렬한 레드 컬러를 담아냈다. 이 강렬한 빛깔의 근원인 히비스커스 꽃은 미묘한 향까지 더해주어 회향풀, 말린 향료, 고수의 향과 함께 조화를 이루도록 해주고 있다. 이처럼 대담한 차별화를 시도한 사우스월드의 모험가들에게 경의를 표하는 바이다!

오버랜드 트리니티 압생트
OVERLAND TRINITY ABSINTHE
63% | 미국 콜로라도 주

2009년에 파웰스키 일가는 증류소를 세우면서 금광을 찾은 듯한 희열을 느꼈다. 아니, 더 정확히 말하면 초록색 황금이라고 해야겠지만. 그곳 러브랜드에 웜우드가 풍부한 것을 발견했던 것이다. 트리니티 압생트는 현지에서 채취한 이 재료에 허브 풍미 삼총사의 또 다른 멤버인 회향풀과 아니스 열매를 섞어 드라이하고 강한 향의 아주 전통적인 압생트를 만들고 있다. 그것도 얼음물을 만나 멋진 루쉬를 일으켜주는 압생트를.

라 메종 퐁탕 압생트
LA MAISON FONTAINE ABSINTHE
56% | 프랑스 퐁탈리에

에밀 페르노(Émile Pernot)라는 증류소에서 제조되는 투명한 빛깔의 사랑스러운 압생트. 대략 15종의 식물을 혼합하여 제조되며 회향풀의 향이 특히 두드러진다. 하지만 가장 인상적인 부분은, 놀랍도록 상쾌하고 강한 풍미다. 그래서 압생트를 색다르게 즐겨보고 싶다면 품질 좋은 토닉워터와 섞어서 마셔도 괜찮다.

페르노 압생트
PERNOD ABSINTHE
68% | 프랑스 튀르(Thuir)

앙리 루이 페르노가 세운 페르노 피스는 1805년까지 거슬러 올라가는 역사를 자랑하는 곳으로서, 압생트를 상업화한 최초의 증류소로 널리 인정받고 있다. 하지만 압생트가 장기간에 걸쳐 퇴출당한 여파로 증류기의 작동이 멈춰서는 시기를 겪어야 했고, 튀르에 새로 지은 증류소에서 오리지널 레시피를 되살리기까지는 또 다시 200여 년의 세월이 걸릴 것이다. 새롭게 출시된 이 페르노 압생트는 아니스 향이 뚜렷하고 입안에 허브의 쌉쌀함이 살짝 배어난다.

압생트 소바주 1804
ABSINTHE SAUVAGE 1804
68% | 프랑스 퐁탈리에

압생트의 열혈 팬인 데이비드 나단 마이어터(David Nathan Maiotor)는 프랑스에서 최고의 웜우드를 찾아 나섰다가 현지 농부와 산길을 기어오르던 중에 뜻하지 않게도 이 향긋한 보물의 야생 군락지를 발견하게 되었다. '야생'이라는 뜻의 소바주는 지금껏 우리가 접했던 여느 압생트와는 달라, 쌉쌀한 향이 회향풀의 허브류 향이나 복합적인 향신료의 풍미와 균형 있게 어우러져 있다. 압생트에 그랑 크뤼 등급이 있다면 이 압생트야말로 충분히 자격이 된다.

앙리 바르두앵 파스티스
HENRI BARDOUIN PASTIS
45% | 프랑스 퐁탈리에

입안에 독특하고 폭발적인 느낌을 선사하는 파스티스로, 50종이 넘는 식물이 감각의 관심을 끌려고 경쟁을 벌인다! 앙리 바르두앵 파스티스는 자랑스러운 프랑스산임에도 불구하고 (압생트에 사용되는 초록색 아니스의 풍미와는 다른) 강렬한 스타아니스 향을 띠면서 남다른 노선을 따르는 편이지만, 카더몬, 안젤리카, 로즈마리, 감초, 타임의 풍미가 달콤한 우드러프, 레몬버베나, 통카콩 같이 보다 독특한 식물류의 풍미와도 잘 균형을 이룬다.

럼
RUM

이름

럼(rum, rhum), 럼 아그리꼴(rhum agricole), 카샤사(cachaça). 카샤사를 '브라질 럼(Brazilian rum)'으로 부르기도 함.

기원

쿠바를 비롯한 카리브해 섬나라 및 라틴 아메리카.

색

증류 후 바로 병입한 경우 무색 투명한 빛깔이며, 오크통에서 숙성을 거친 경우엔 갈색이나 '황금빛'을 띰.

주요 제조국

쿠바를 비롯한 카리브해 섬나라, 라틴 아메리카, 인도, 호주. 카샤사와 럼 아그리꼴은 각각 브라질과 마르티니크에서만 제조됨.

최대 판매 브랜드

바카디, 탄두아이, 맥도웰스, 캡틴 모건, 브루갈, 하바나 클럽, 콘테사, 카시케.

주원료

당밀 같은 사탕수수 부산물이나 신선한 사탕수수 주스.

카리브해 해적의 스피릿

럼은 술이라기보다는 하나의 생활양식에 가깝다. 달콤해서 단숨에 들이켜기에 좋은 럼은 그 자체로나 칵테일로서도 클래식 주류로 자리 잡았을 뿐만 아니라, 대다수의 럼에서 느껴지는 풍미만큼이나 역사적 내력도 풍성하다.

럼은 대부분 카리브해 지역과 라틴 아메리카 지역에서 제조되고 있어서, 해적 분장한 조니 뎁이 배의 갑판을 이리저리 도망 다니는 장면을 연상시킨다. 하지만 럼은 이 지역만의 스피릿은 아니다. 인도에서부터 스페인에 이르기까지, 그 외의 지역에서도 제조되고 있다. 뿐만 아니라 역사적으로 사탕수수 재배와 연관되어 있어서, 레위니옹(Réunion)이나 마다가스카르 동부 지역 같은 작고 비교적 유명하지 않은 섬나라에서도 제조되고 있다. 실제로 오늘날 럼 시장에서 가장 독특한 몇몇 제품이 바로 이 섬나라에서 만들어지는 것들이다.

선원들의 술
↓

럼은 실제로 해적이 즐겨마시던 술이며 해군과도 깊은 유대관계로 엮여 있다. 즉, 영국 해군의 선원들이 전통적으로 선호하던 술이었고, 바다에서 잘 버티도록 지급해주는 '독주'로서 일일 배급되기도 했다.

이런 해군 배급품은 일명 '토트(tot)'라고 불렸다. 또 이 토트를 따르고 마시는 행위를 '토팅(totting)'이라고 했는데, 영국 정부에서 폐지시키기 전인 1970년까지 해군에서 관행으로 이어져왔다. 하지만 토팅은 영국 해군 선박에서 현재까지도 여전히 행해지고 있다. 다만, 이제는 여왕(혹은 여왕의 임명을 받은 사람)이나 영국 해군의 고위급 장교가 특별 명령을 내려, 술을 배급한다는 뜻의 해군 속어로 "splice the main brace('메인마스트의 밑가름대를 조작하는 밧줄을 꼬아 잇다'라는 뜻)"라는 밀을 신인해야만 가능하다. 이 속어 표현은 어려운 긴급 수선 임무를 수행한 선원들에게 상을 지급하던 것에서 유래된 것으로, 지금까지도 어려운 일을 잘 해낸 것에 대해 포상할 때 곧잘 쓰인다.

영국 해군의 선원들은 식단에서 럼의 일일 배급이 빠진 것을 그다지 환영하지 않았고 그 운명의 날이던 1970년 7월 31일을 '블랙 토트 데이(Black Tot Day)'라고 불렀다. 현재는 많은 럼 제조자들이 이 날을 이벤트나 제품 출시의 날로 잡고 있는가 하면, 약삭빠르게 럼의 브랜드명을 블랙 토트라고 붙인 곳도 있다.

해군과 럼 사이의 유대관계를 보여주는 것은 토트나 속어만이 아니다. '네이비 스트렝스(Navy Strength)' 럼이라는 스타일 또한 럼과 해군 사이의 또 하나의 유대적 끈이다. '네이비' 럼, '네이비 스트렝스' 럼, 또는 '네이벌(Naval)' 럼 등으로 여러 별칭이 있는 이 스타일은 명확한 정의가 없으나 현재는 1600년내부터 1970년의 그 유명한 블랙 토트 데이까지 해군 선박에 실렸던 그런 스타일의 럼을 가리키는 말로 통용되고 있다. 그 몇 백 년을 거치는 사이 해군 선박에서 즐겨지던 이 네이비 럼은 어느새 병에 담겨 제품으로 나오게 되었고, 특히 램스(Lamb's)나 스미스 앤 크로스(Smith & Cross) 같은 브랜드들이 유명하다. 이런 네이비 럼 제품은 대체로 풍미가 더 풍부할 뿐만 아니라 더 높은 도수에서 병입되는 편이다.

항구와 멀어지면 럼이 가까워진다. 선원들은 일일 배급되는 럼 한 잔을 받기 위해 길게 줄을 서곤 했는데, 이런 관행은 1970년에야 금지되었다.

구명(救命)의 술

↓

뚜렷한 풍미와 높은 도수라는 럼의 두 가지 핵심 요소는 단지 마케팅에 유용한 수단만은 아니었다. 생명을 구하는 것과 관련한 잠재적 역할까지 맡고 있었다. 사실, 럼의 강한 풍미는 럼이 통에 담겨 보관되었던 것이 한 원인이었다. 통에 담겨 추가적 숙성을 거치면서 깊이감과 복합성이 더해졌던 것이다. 그런데 이런 풍미의 증가는 생명과도 연관되어 있었다. 강화된 풍미 덕분에 선원들의 괴혈병 예방을 위해 중요한 보조식품이었던 라임 주스에 섞어 마실 수 있었기 때문이다.

또한 높은 도수는 배에 실린 럼의 수명을 연장시키는 데 유용하기도 했다. 통 숙성 스피릿은 시간이 지나면서 알코올함량이 떨어지기 마련이므로, 장기간의 바다 항해를 나설 때는 처음부터 높은 도수의 알코올을 싣고 출발하는 것이 현명한 일이었다.

높은 도수의 럼을 배에 싣는 것이 유용했던 또 하나의 중요한 요소는 바로 안전이었다. 건강과 안전을 전담하는 요원이 배치되기 훨씬 전이던 당시에는 높은 알코올 도수의 스피릿이 큰불을 일으킬 만한 위험 요소이기도 하다는 점이 긍정적으로 여겨졌다. 'proof(알코올 표준 강도)'라는 체계가 스피릿의 도수를 화약과 섞어 불붙였을 때의 '증명된(proved)' 연소력을 기준으로 삼아 짜여졌던 것처럼, 당시의 군함에도 연소력의 측면이 중요했다. 바다에서 해적을 잡는 임무나, 위험 해역에서 무역선을 호위하는 임무를 띠고 출항한다면 화약에 제 역할을 잘 해주어야 한다. 그런데 낮은 알코올 도수의 럼을 실었다가 그 럼이 새기라도 해서 화약의 효력을 약화시킨

다면 어떻게 될지는 뻔하다. 대포를 쏘지도 방어를 취하지도 못하는 것이다.

따라서 당시에 가장 막강한 해군력을 떨치던 영국 해군의 선원들에게 럼은 구세주나 다름없었다. 열악한 생활 조건에서 온전한 정신을 지키게 해주고, 썩는 냄새가 나는 물을 먹으면서도 온갖 질병에 걸리지 않도록 막아주고, 맥주와는 달리 필요할 때 결정적 무기를 쓰지 못하는 불상사가 생기지 않도록 해주었으니 말이다.

영향력 있는 섬들

↓

대서양의 무역로는 개개의 섬들에서 세계의 여러 지역들로 럼의 씨를 뿌리는 데 중요한 역할을 했다. 해상 운송은 럼이 통 속에서 숙성이 될 수 있게 해주었다. 즉, 운송되는 동안 충분히 익으면서 럼이 황금빛을 띠도록, 또 증류액 그대로의 거친 상태에서 더 부드러워지는 동시에 보다 진전되고 응축된 풍미로 가다듬어지도록 해주었다. 뿐만 아니라 식민지 시대의 지불 체계에서 럼이 현금과 신용거래의 근본적 바탕이 되도록 해주기도 했다. 럼은 아프리카 해안에서 노예와 교환 거래되는 주요 물품이 되면서 역사의 암울한 일면에 일조했으나 이제는 유쾌한 파티용 술로 거듭나면서 그런 역사는 오랜 과거의 일로 사라졌다.

최초로 럼을 보편적으로 제조하기 시작한 관점으로 따지자면 그 원조는 안티구아(Antigua), 바베이도스(Barbados) 같은 카리브해의 작은 섬나라들이지만, 하바나 클럽이나 바카디 같이 현재 사람들 사이에 잘 알려진 유명 브랜드의 대다수를 출시한 나라는 쿠바였다.

세계에서 가장 인정받는 스피릿 브랜드

의 하나인 하바나 클럽은 현재 지역별 관점에 따라 복잡한 이미지를 갖고 있다. 그도 그럴 것이 하바나 클럽은 페르노 리카와 쿠바 정부의 합작 기업이며, 브랜드명에서 암시되듯 판매되는 럼은 쿠바에서 제조되고 있다. 하지만 이 브랜드의 얽히고설킨 내력 탓에 미국에서는 브랜드의 소유권을 놓고 다툼이 꽤 심하다. 그런데다 미국이 쿠바에 대한 엠바고(경제봉쇄)를 발동하면서 하바나 클럽의 이름을 달고 미국에서 판매되는 럼은 사실상 푸에르토리코의 바카디에서 제조되는 것이다. 그나마도 구입 가능한 수량이 적으며, 주로 플로리다 주에서 판매되고 있다.

럼은 화이트 럼이나 골든 럼 가릴 것 없이, , 바 서비스를 위하여 바텐더의 뒤쪽에 위치하고 있는 저장용 캐비닛인 백바(back-bar)용 제품으로서 위상을 굳혔다. 또한 스트레이트로 마시거나 칵테일 조주용으로 세계에서 가장 인기 있는 스피릿으로 꼽히게 되었고, 지난 10년 사이에 되살아난 인기가 시들 만한 기미도 보이지 않는다.

생산적 가치
↓

카리브해와 인접한 섬들과 연관성이 아주 큰 제품인 만큼 어느 정도 짐작이 될 테지만, 럼은 여러 가지 설탕이나 당밀 같은 설탕 부산물을 원료로 써서 발효와 증류 과정을 거치며 제조된다.

몰트위스키 등의 다른 스피릿들의 경우엔 베이스 원료의 전분을 당분으로 분해시키기 위한 당화 과정을 거친 후에야, 효모를 통해 알코올을 만들어낸다. 하지만 럼은 이미 베이스 원료 자체가 당분이므로 곧바로 효모를 넣어 알코올을 만들 수 있다.

곡류 베이스의 스피릿에서 발효를 거치고 난 발효액은 사실상 맥주나 다름없다. 사실, 위스키의 유래도 증류를 통해 맥주를 '보존'하던 것에서 비롯되었다. 한편 럼의 제조 과정 중에는 사탕수수 '와인'이 만들어지며 스트레이트로 마실 수도 있는데, 필리핀에서는 이런 와인이 일명 '바시(basi)'로 불리면서 그 자체로 하나의 술로 당당히 인정받고 있다.

하지만 이쯤에서 다시 럼 제조의 본론으로 돌아가서 스피릿의 제조를 피자 주문에 비유해 이야기해보자. 피자를 주문할 때는 먼저 도우를 (럼의 경우엔 설탕을) 고르고 나서 그 다음에 토핑을 (럼의 경우엔 증류법을) 선택한다. 이때 (마르게리타 피자 같은) 클래식 스타일은 단식 증류를 택할 수도 있고 (바베큐치킨 피자 같은) 더 현대적인 스타일의 경우, 연속식 증류기 증류를 고를 수도 있다. 말하자면 보드카와 마찬가지로 럼 역시 반반 피자나 다름없다. 즉, 어떤 증류법을 이용해야 한다는 명확한 규칙이 없어서 어떤 럼은 클래식한 단식 증류기 방식으로 제조되는가 하면 또 어떤 럼은 연속식 증류기를 이용해 제조되기도 한다.

증류가 완료된 럼은 화이트 럼으로 바로 병입이 되거나, 다크 럼이나 골든 럼처럼 오크통에 숙성되거나, 또는 스파이스드 럼처럼 풍미가 더해지기도 한다. 어떤 방법이 선택되든 이것들 모두 중요한 세 글자, 'RUM'을 라벨에 표기할 수 있다.

좋아하는 럼의 빛깔 고르기

네이비 스트렝스 럼이 맛이 좋긴 하지만 이 달콤한 술의 유일한 버전은 아니다. 럼에는 여
러 가지 버전이 있으며, 흔히 빛깔에 따라 등급이 매겨진다

1. 화이트 럼(WHITE RUM), 또는 라이트 럼(LIGHT RUM)

비숙성 럼 또는 통에 오래 담겨지지 않은 럼. 대체로 증류기에서 바로 꺼내 병입된다. 칵
테일용으로 가장 좋다.

2. 골든 럼(GOLDEN RUM)

화이트 럼과 다크 럼 사이의 중간. 골든 럼은 단기간의 숙성을 거치면서 오크통으로부터
빛깔과 풍미에 어느 정도의 영향을 받는다.

3. 다크 럼(DARK RUM)

'최상급'의 럼. 오크통에서 장기간 숙성되는데, 대체로 코냑이나 위스키, 또는 버번의 숙
성통으로 사용되었던 통이 사용된다. 이 다크 럼은 특히 조금씩 음미하며 마시기에 좋
다. 하지만 럼은 캐러멜 색소나 당밀 첨가제로 착색을 시키는 제품도 있으니 주의하기
바란다.

4. 스파이스드 럼(SPICED RUM)

럼은 빛깔이 짙어질수록 맛이 좋을지 모르지만, 럼 가운데 가장 유명한 버전으로는 바로
스파이스드 럼이 꼽힌다. 계피, 바닐라, 오렌지 껍질 같은 여러 가지 풍미의 재료를 더하
여 제조되는 스파이스드 럼은 화이트나 골든 럼의 빛깔도 나오지만 다크 럼의 빛깔이 가
장 많다. 한편 더 오래 숙성시킨 럼은 스트레이트로 마시기에 좋으며, 단기 숙성시킨 밝
은 빛깔의 버전은 칵테일용으로 이상적이다.

사탕수수의 카리스마 넘치는 사촌들

럼 아그리꼴

↓

럼 아그리꼴은 제조 방식이 럼과는 조금 달라 당밀이 아닌 신선한 사탕수수 주스를 사용하며, 프랑스령의 섬 마르티니크에서는 EU의 법에 따라 자체적인 원산지 명칭 통제 제도가 있어서 섬의 24개 지정 지역에서 재배된 사탕수수만을 원료로 사용할 수 있다. 마르티니크의 럼 아그리꼴은 다음과 같이 세 종류로 분류된다.

1. 블랑(Blanc):
무색을 띠며 숙성 기간이 3개월 이하임.

2. 엘레베 수 부아(Élevé sous bois):
럼 아그리꼴의 상징적 스타일로서, 최소한 12개월의 숙성 기간을 거침.

3. 비유(Vieux):
오래 숙성한 스타일의 럼 아그리꼴은 최소 3년간 숙성시킴.

하지만 주의해야 할 점이 있다. 럼 아그리꼴은 어느 지역에서든 제조가 가능해서 다른 보통의 럼 증류소에서도 많이 제조되고 있지만, 마르티니크에서 현지의 사탕수수 즙을 사용해 제조되는 럼 아그리꼴만이 앞의 규정에 따라 제조된 것이다.

카샤사

↓

럼 아그리꼴과 제조법이 비슷한 카샤사는 브라질산 사탕수수 스피릿에 해당된다. 새로운 법이 통과되어 카샤사의 주요 시장 중 한 곳인 미국에서 사탕수수 스피릿을 모두 '럼'으로 통칭하게 된 2013년 중반까지만 해도, 일부 카샤사가 발효 과정 중에 맥아 같은 촉진제를 사용한다는 이유로 국제적 법규정상 럼에 해당되지 않았고 그로 인해 라벨에 '브라질 럼(Brazilian rum)'으로 표기되었다. 하지만 카샤사 제조자들과 브라질 정부의 적극적인 로비 이후 법이 마침내 개정되면서 브라질에서 제조된 것은 '브라질 럼'이라는 별칭 대신 '카샤사'라는 명칭을 붙일 수 있도록 허용되었다. 현재 카샤사는 브라질에서 가장 사랑받는 스피릿으로 자리매김하고 있다.

초창기에 카샤사 제조의 토대가 된 곳은 16세기에 포르투갈인들이 브라질에서 일구던 사탕수수 농장이었다. 이미 증류 기술에 능숙해있던 포르투갈인들은 별 어려움 없이 사탕수수 즙을 발효시켜 달콤하고 맛좋은 스피릿을 만들 수 있겠다는 사실에 눈을 떴다.

럼과 마찬가지로 카샤사 역시 두 가지 스타일이 있다. 숙성되지 않은 스타일(화이트 카샤사)과 숙성된 스타일(골드 카샤사)이다. 카샤사는 브라질 이외의 지역에서는 카이피리냐(Caipirinha) 칵테일의 재료로 가장 유명하다. 우리의 개인적 느낌으로는 카이피리냐 칵테일이야말로 이 달콤한 스피릿을 마시는 가장 적절한 방법이 아닐까 싶다.

이 빈티지풍의 럼 광고는 시대를 아우르는 럼의 매력을
잘 담아냈다.

럼 베이스의 클래식 칵테일 모음

카이피리냐 (Caipirinha)
↓

자신이 읽은 소설이 영화화된 것을 보고 나서 그 영화가 원작만 못하다고 말하는 이들이 종종 있다. 하지만 할리우드의 아름답고 매혹적인 배우들을 비롯해 영화의 모든 것이 더 폭넓은 대중에게 어필하기 위해 설계되며 베스트셀러를 원작으로 태어난 블록버스터는 대체로 흥행에 성공한다. 우리에게 카이피리냐는 흥행 대박을 터뜨린 달콤하고 호감가는 모히토(Mojito) 영화의 원작과 같은 느낌을 준다. 럼 베이스의 화이트 칵테일인 모히토는 브라질의 카이피리냐와 구성이 비슷하지만, 소다수로 희석되고 민트로 향기를 돋우고 다량의 설탕으로 달콤함을 더한다. 반면에 카이피리냐는 술에 아무것도 넣지 않은 상태로 마시는 버전에 다름없다.

조주법

라임 조각 몇 개를 집어 올드 패션드 글라스(Old Fashioned glass)에 넣고 머들러로 으깨 즙을 짜낸다. 카샤샤 50㎖(계량컵 2잔)를 부어 넣은 후 티스푼으로 설탕시럽을 조금 넣고 얼음(잘게 부순 얼음이든 각얼음이든 상관없음)도 넣은 다음 휘저어준다. 이제 빨대를 꽂아주면 끝이다. 이렇게만 하면 후텁지근한 여름날에 마시기에 백 점 만점인 아주 상쾌하고 강렬하며 맛좋은 칵테일이 뚝딱 만들어진다.

허리케인(Hurricane)
↓

스피릿 진열장에 이런저런 럼들이 잔뜩 있는데 펀치 말고 다른 것을 만들어보고 싶다면 우선 허리케인 칵테일부터 시작해볼 것을 권한다. 허리케인 칵테일은 올드 패션드 칵테일처럼 아주 유명해서 그 이름을 딴 글라스까지 있다.

기본적으로 허리케인은 화이트 럼과 다크 럼을 함께 혼합해 라임, 파인애플, 패션프루트 같은 열대과일 주스를 더한 칵테일이다. 간단하게 만들어 마시고 싶다면 꼭 곡선형의 전통적인 허리케인 잔에 서빙하지 않아도 되지만 되도록 용량이 큰 잔을 쓰는 것이 좋다.

텀블러 글라스를 준비해 얼음을 가득 채우고 다크 럼과 화이트 럼을 똑같이 50㎖(계량컵 2잔)씩 따른다. 여기에 열대과일 주스를 부어넣는다. 플레이버드 시럽같이 아주 달콤한 것을 섞어 넣어도 좋다. 대략 이 정도면 끝이다. 이 칵테일을 한마디로 표현하자면 두 종류의 럼을 사용해 만든 펀치라고 할 수 있다.

이 클래식 칵테일은 1940년대에 뉴올리언스에서 팻 오브라이언(Pat O'Brien)이라는 바텐더가 라임과 패션프루트를 넣어 개발한 것이다. 그리고 그 뒤에 선원들에게 뜨거운 사랑을 받으면서 럼과 선원의 연관성을 더욱 높여 놓기도 했다. 이 칵테일은 아주 유연성이 높은데, 어떤 바에서는 이 칵테일을 특화 메뉴로 만들어 놓기도 했다.

그 주인공은 런던 소재의 놀라(NOLA, 현지에서 '루이지애나 주 뉴올리언스'의 약칭으로 통하는 말임)라는 바로서, 메뉴판에 뉴올리언스에서 개발된 이 칵테일에 헌정하는 특별 공간을 따로 마련해 놓고는 다섯 가지 버전의 허리케인을 서비스하고 있는데 모두 다 럼이 들어가는 것은 아니다. 허리케인 하나만 맛보기 위해 일부러 찾아가 봐도 후회되지 않을 만한 곳이다.

장 프랑수아 쾨니그(Jean Francois Koenig)
메딘 디스틸러리(MEDINE DISTILLERY), 모리셔스

모리셔스(Mauritius, 아프리카 동쪽의 섬나라)에 위치한 메딘 디스틸러리의 마스터 디스틸
러 장 프랑수아 쾨니그는 럼을 여러 가지 통에서 숙성시켜 제조하고 있다. 특히 그가 최근
에 출시한 페니 블루(Penny Blue)는 런던 메이페어 소재의 세계 최고의 와인 및 스피릿 주
류상 베리 브라더스 앤 러드의 두그 맥이보(Doug McIvor)와의 협력을 통해 서로의 후각과
지식을 공유하며 빚어낸 결과물이다.

메딘 디스틸러리의 럼이 다른 스타일의 럼과 다른 점은 뭔가요?

우선, 럼 자체가 다르다고 말하고 싶습니다. 저희는 모리셔스에서 오래전부터 럼을 만들어왔지만 주로 화이트 럼이나 라이트 럼이었습니다. 그것이 저희의 원래 스타일이었고 희석 음료로서, 그리고 모리셔스의 유산으로서 사람들에게 사랑받아 왔죠. 그러다 1980년대에 법이 바뀌는 바람에 일부 럼을 숙성시키기 시작했습니다. 라이트 럼은 숙성이 잘 되지 않기 때문에 증류법을 바꿀 수밖에 없었지요. 그래서 럼을 더 묵직한 스타일로 변화시키되 더 천천히, 그리고 더 낮은 온도에서 증류를 시켰습니다.

숙성은 어떤 식으로 진행하시나요?

럼을 숙성시키기로 결정했을 당시에 저희에게는 전통이 없었습니다. 그래서 여러 가지를 시도하게 되었죠. 재사용 숙성통으로 코냑통, 버번통, 위스키통 등을 써보면서 말 그대로 연구를 거듭한 끝에 붉은색 계열 과일과 건과일을 넣어서 훌륭한 제품을 탄생시켰고, 또 그 사이에 여러 가지 통들 사이의 차이를 깨닫기도 했습니다.

메딘 디스틸러리에 대해 한 말씀 해주시겠습니까?

메딘 디스틸러리에서는 페니 블루뿐만 아니라 다른 제품도 생산하기만 페니 블루는 아주 소량씩만 수작업으로 제조하고 있습니다. 또 이곳은 모리셔스의 건조한 서부 해안 지대여서 당분 함량이 아주 높은 사탕수수가 재배됩니다. 강수량이 부족해서 당분의 농축도가 높고 그 덕분에 상급의 농후한 사탕수수를 재료로 쓰고 있죠. 저희 디스틸러리에서는 발효도 오랜 시간에 걸쳐 서서히 당밀을 추가하는 식의 특별한 방식으로 진행합니다.

페니 블루를 만들면서 중요하게 삼았던 원칙은 뭔가요?

어떤 사람들은 페니 블루를 위스키 애주가의 럼이라고 표현합니다. 더 드라이한 피니시로 성숙한 균형을 잡아주기 때문이죠. 페니 블루는 숙성 기간이 다른 여러 가지 원액을 섞는데, 가장 어린 원액은 4년 숙성이고 가장 오래된 원액은 숙성 기간이 10년까지 됩니다. 또 보유하고 있는 숙성통을 사용하여 페이 블루 풍미의 균형을 잡는 데 공을 들였는데, 그중에는 짧은 기간에도 이미 완벽하게 숙성이 되어 있던 '스타급 통(Star Casks)'도 있었습니다.

숙성의 환경은 어떻습니까?

이곳은 평균 기온이 아주 뜨거운 곳이고 그로 인한 저희의 '천사의 몫'은 연간 약 6% 정도입니다. 스코틀랜드의 위스키보다 두 배 높은 수준이죠. 저희가 사용하는 숙성통 가운데는 장기간의 숙성으로 아주 뛰어난 것들도 있지만, 대부분은 단기간의 숙성, 그러니까 다시 말해, 3년이나 5년 혹은 8년 정도의 숙성에도 제품화하기에 적합한 편입니다.

페니 블루를 세 단어로 짧게 표현한다면?

혁신, 기쁨, 유쾌함이요.

훌륭한 럼을 만드는 기준에 대해서는 실질적 규칙이 없다. 모든 스피릿에 적용되는 보편적 규칙뿐이다. 럼을 혼합해 칵테일을 제조하고 싶다면 화이트 럼, 또는 흔히 이용되는 스파이스드 럼이 괜찮다. 하지만 잘 숙성된 럼 한 잔을 음미하고 싶다면 너무 달지도 너무 쌉쌀하지도 않을 정도로 균형 잡히고, 뛰어난 바디와 적절한 알코올함량을 갖춘 럼을 골라야 한다. 직접 느껴보면 알 테지만, 좋은 럼은 시가에서부터 맛좋은 디저트에 이르기까지 무엇을 곁들이든 잘 어울리며, 그 자체로도 뛰어난 아페리티프가 되어준다.

브루갈 1888 론 그란 레세르바 파밀리아르 럼
BRUGAL 1888 RON GRAN RESERVA FAMILIAR RUM
40% | 도미니카 공화국

푸에르토 플라타(Puerto Plata) 소재의 브루갈 앤 컴퍼니(Brugal & Co.)는 다양한 종류의 럼을 출시하고 있지만, 특히 이 브루갈 1888은 선구적인 제품에 해당된다. 숙성 럼을 첫 런칭한 연도를 따서 '1888'이라는 명칭을 내건 이 럼은 원액의 일부를 셰리통에서 숙성시켜 농후하고 과일 특유의 풍미가 살아있다. 병 디자인 역시 '고급품'으로 꼽히기에 부족함이 없어서, 필요할 경우 자기방어의 수단으로 쓸 수도 있을 만큼 묵직한 메탈 장식이 코르크 마개 윗부분을 멋스럽게 꾸며주고 있다.

산타 테레사 1796 론 안티구오 데 솔레라 럼
SANTA TERESA 1796 RON ANTIGUO DE SOLERA RUM
40% | 베네수엘라

산타 테레사는 1885년에 유럽에서 구리 증류기를 구해와 점점 생산량을 늘려오면서 이후로 베네수엘라에서 가장 주목할 만한 제조자로서 위상을 굳혔다. 현재는 미국산 화이트 오크통과 프랑스산 리무쟁 오크통을 사용해 럼을 숙성시키고 있다. 또한 럼의 명칭에 표기된 대로 솔레라 숙성방식으로 15년가량 숙성시켜 제조된다. 여러 수상 경력을 자랑하는 이 럼은 꿀과 바닐라의 풍미가 강하며 향신료 풍미의 여운이 은은히 남는다.

엘도라도 스페셜 리저브 럼 15년산
EL DORADO SPECIAL RESERVE RUM
40% | 가이아나

가이아나(Guyana)에서 럼을 제조하는 유일한 증류소인 엘도라도는 3대의 목재 증류기로 유명하며 다이아몬드(Diamond) 농장에 자리 잡고 있다. 엘도라도에서는 현지에서 채취한 황갈색 설탕에서 추출한 당밀을 원료로 쓰고 있으며, 이 당밀이 가이아나의 습한 기후와 만나면서 속성 숙성되고 그에 따라 럼이 숙성 기간에 비해 높은 농후함을 띤다. 여기에 소개한 럼은 최소한 15년 이상 된 것이지만, 엘도라도에서는 다른 숙성 기간의 럼도 출시하고 있다.

페니 블루 XO 싱글 에스테이트 모리셔스 럼
PENNY BLUE XO SINGLE ESTATE MAURITIAN RUM
44.1% | 모리셔스

1847년에 발행되었으며 워낙 희귀해서 인기가 높은 모리셔스의 우표 이름을 딴 이 페니 블루는, 메딘 디스틸러리의 마스터 디스틸러 장 프랑수아 쾨니그와 베리 브라더스 앤 러드의 두그 맥이보가 의기투합해서 만들어낸 작품이다. 소용량씩 제조되어 첫 출시되는 양은 3,444병으로 한정되며 오렌지, 바닐라, 열대과일의 풍미가 특징이다.

더 크라켄 블랙 스파이스드 럼
THE KRAKEN BLACK SPICED RUM
47% | 트리니다드토바고

크라켄은 짜릿한 스파이스드 럼의 트렌드를 선도하며 바텐더들 사이에서 큰 인기를 얻어왔다. 크라켄은 바다에서 영감을 얻어(사실, 명색이 럼인데 바다가 아니면 어디에서 영감을 얻겠는가?!), 거대 오징어를 닮은 신화 속의 바다괴물 이름을 따서 지어진 명칭이다. 이 크라켄 럼은 트리니다드토바고(Trinidad and Tobago, 서인도 제도에 있는 영연방 독립국)의 앙고스투라 디스틸러리(Angostura Distillery)에서 증류되어 1-2년 동안 숙성을 거치며, 계피, 생강, 정향의 풍미를 띤다.

메종 르블롱 레세르바 에스페시알 카샤샤
MAISON LEBLON RESERVA ESPECIAL CACHACA
40% | 브라질

르블롱의 공동 설립자이자 마스터 디스틸러인 질 메를레(Gilles Merlet)는 사탕수수를 직접 수확하고 압착한 지 3시간 이내의 즙을 사용하는 등 수제 방식을 채택하고 있다. 또한 증류 과정을 구리 단식 증류기를 통해 소용량씩만 진행시키면서 르블롱이 'artesanal Cachaça de Alambique'라는 장인 인증을 얻게 해주었다. 이 카샤샤는 최대 2년간 프랑스산 오크통에서 숙성을 거치며 구운 오크의 풍미를 띤다.

노보 포고 실베르 카샤샤 오르가니카
NOVO FOGO SILVER CACHAÇA ORGÂNICA
40% | 브라질

가족이 운영하는 환경친화적 증류소 노보 포고는 더 젊고 생기 넘치는 수출 시장을 겨냥하여, 특히 미국을 중점 시장으로 정해 새로운 착상에 따라 카샤샤를 제조하고 있다. 그한 예로서 노보 포고의 이 투명한 빛깔의 카샤샤는, 대체로 아주 거친 특징을 띠는 스피릿이 오크통에서 안식을 취하지 않으면서도 부드러운 풍미를 띠게 되는 사례이다. 다시 말해, 오크통 대신 커다란 스테인리스스틸 탱크에서 1년간 숙성되면서, 최종 스피릿에 부드러움이 더해지고 있다.

라 에치세라 파인 에이지드 럼
LA HECHICERA FINE AGED RUM
40% | 콜롬비아

리아스코스(Riascos) 일가는 카리브해 건너편의 양조장에서 가져온 럼을 블렌딩한다. 이 장기 숙성 럼은 부드러우며, 너무 달지 않고 숙성도가 뛰어나다. 그것도 12-21년 숙성 럼으로서 솔레라 시스템(solera system), 즉 여러 숙성 기간 중의 모든 원액을 함께 통에 넣어서 각 병마다 아주 오래 숙성된 원액의 럼이 어느 정도 담기게 되는 방식에 따라 수작업으로 제조되고 있다. 스페인어로 '마녀'를 뜻하는 단어를 따서 이름 붙여진 이 멋진 라 에치세라 럼은 푸른색의 밀랍 봉인을 찍어놓은 병 디자인도 인상적이다.

네송 럼 아그리꼴 블랑
NEISSON RHUM AGRICOLE BLANC
55% | 마르티니크

1931년에 설립되었고 가족이 직접 운영하는 디스틸러리 네송(Distillerie Neisson)은 마르티니크에서 가장 높이 인정받는 럼 아그리꼴 제조자로 꼽히며, 지금까지도 여전히 34헥타르(102,850평) 면적의 토지에서 사탕수수를 직접 재배하고 있다. 디스틸러리 네송의 럼은 최소 3개월 동안 스테인리스스틸 통에 보관되면서 숙성을 거친다. 또한 '블랑', 즉 화이트 럼 스타일로 병입되지 않는 럼은 오크통에서 숙성을 거쳐 숙성 기간별로 여러 종류로 출시된다. 이 블랑 스타일의 럼은 달콤하고 부드러우며 가루설탕과 바닐라의 풍미가 은은히 느껴지는 것이 특징이다.

럼 식스티 식스 패밀리 리저브
RUM SIXTY SIX FAMILY RESERVE
40% | 바베이도스

전설적인 포스퀘어 디스틸러리(Foursquare Distillery)에서 제조되는 럼, 식스티 식스는 당밀을 스몰배치식으로 소량씩만 증류시킨다. (바베이도스가 영연방으로부터 독립을 얻은 연도에서 이름을 딴) 이 럼의 제조에는 연속식 증류기와 보다 장인적인 구리 단식 증류기를 활용해서 만들어진 스피릿이 모두 사용된다. 농후하고 과일 향이 감돌며, 미국산 화이트 오크통에서 빠르게 숙성을 거치는 과정에서 더해진 풍미도 느껴진다.

위스키
WHISKY

이름

위스키(whisky, 아일랜드 및 미국의 상당수 지역에서는 중간에 e가 들어간 'whiskey'로 표기함). '생명의 물'을 뜻하는 게일어 '우스게 바하(uisge beatha)'에서 유래된 명칭으로 추정됨.

기원

역사가들 사이에서 논쟁이 많지만, 아일랜드에서 12세기에 수도사들에 의해 처음 제조되었다가 아일랜드해를 건너 스코틀랜드로 전해진 듯함.

색

은은한 황금빛에서부터 선명한 밤색까지 다양함. 숙성통의 타입과 기간에 따라 빛깔이 결정됨.

주요 제조국

미국, 캐나다, 스코틀랜드, 아일랜드, 일본, 호주, 중앙 유럽, 인도.

최대 판매 브랜드

조니 워커, 잭 다니엘스, 캐나디언 클럽, 글렌피딕, 더 글렌리벳, 시바스 리갈, 짐 빔, 메이커스 마크.

주원료

스코틀랜드의 스카치위스키의 경우엔 맥아를(미국의 위스키는 옥수수, 밀, 호밀을) 발효시켜 여러 차례 증류한 후 오크통에서 숙성시킴.

곡물 스피릿의 제왕

위스키를 좋아한다고, 아니 사랑한다고 자부하는가? 그렇다면 위스키가 어떤 스피릿인지 잘 알고 있는가? 스피릿의 한 종류로서 아울러 부는 관점을 떠나, 세부해서 하나하나 든여다보면 위스키는 서로 상반되는 차이점과 매력을 지니고 있다. 위스키를 제대로 이해하려면 무엇부터 살펴봐야 할까? 글쎄, 제조법, 숙성, 블렌딩 등을 알아보기 전에 우선 짚고 넘어갈 한 가지가 있으니, 바로 스펠링 문제다.

'e'를 넣느냐 마느냐 그것이 문제로다
↓

위스키를 영문으로 쓸 때에 'e'를 넣는가, 빼는가? 'whiskey'인가, 아니면 'whisky'인가? 그 답은 당신이 어느 지역에 사느냐에 따라 달라진다. 대체로 스코틀랜드산 위스키에서는 'e'를 넣지 않으며, 이는 스웨덴, 일본, 인도 등 스코틀랜드 외의 다른 지역에서 제조된 싱글몰트위스키 또한 마찬가지다. 스카치위스키는 고급 위스키라는 이미지를 가지고 있는데, 사실 같은 고급 위스키 소비층을 놓고 경쟁하려는 그 외의 국가들로선 스코틀랜드 위스키 산업의 제품 수준은 물론이요 제품의 스펠링에서도 보조를 맞추고 싶을 것이다. 한편 'e'를 그대로 놔두는 식의 스펠링 사용은 아일랜드와 미국의 제조자들 사이에서 주된 트렌드이며, 다만 메이커스 마크나 발콘스 텍사스 싱글몰트위스키 같은 몇몇 유명 브랜드는 예외의 경우에 든다.

아무튼 여기에서의 요점은 스펠링 문제에 너무 매달리지 말자는 것이다. 단지 스펠링의 문제가 아닌가? 가장 중요한 문제는 위스키의 스펠링에 'e'를 넣느냐 마느냐가 아니라, 잔에 담기는 실제 위스키다. 'flavour(풍미)'에서 중요한 것이 스펠링에 'u'를 넣느냐 빼느냐의 문제가 아니라 제품에 정말로 풍미가 담겨져 있느냐 아니냐의 문제인 것처럼. 사용상의 편의를 위해, 그리고 단지 잉크를 절약하기 위한 목적으로 이번 챕터에서는 위스키의 스펠링을 'whisky'로 정했다. 물론 아일랜드나 미국의 위스키에 대해 얘기하는 경우에는 예외로 했다.

전반적으로 정의하자면 위스키란 곡물을 베이스 원료로 쓰며 증류 후 오크통에서 숙성시키는 스피릿이다. 또한 다른 모든 스피릿이 그렇듯 사용되는 베이스 원료는 위스키의 산지나 증류소가 위치한 지역의 전통에 따라 영향을 받는다.

위스키의 모국, 스코틀랜드

흔히 위스키의 고향으로 통하는 곳인 스코틀랜드 얘기부터 해보자. 스코틀랜드에서는 사용하는 베이스에 따라 두 가지 종류의 위스키가 있다. 몰트위스키와 그레인위스키다. 법 규정상 이 두 위스키는 오크통에서 최소 3년간 숙성시켜야만 위스키로 분류된다. 이런 의무 숙성 기간을 두는 목적은 위스키가 충분히 숙성되어 위스키 특유의 풍미와 빛깔을 지니도록 하기 위함이다. 스코틀랜드는 장기 숙성에 유리한 조건을 갖추고 있다. 1년 내내 기온이 낮아서 자연적으로 증발되어 사라지는 손실분, 일명 '천사들의 몫'이 다른 위스키 제조국에 비해 적다. 말하자면 스코틀랜드의 천사들이 세계에서 가장 게으른 셈이다. 스코틀랜드가 위스키 세계에서 프리미엄급의 위치를 얻게 된 것도 바로 이런 더딘 숙성 덕분이다.

효모를 위한 패스트푸드, 몰팅
↓

몰팅(malting)은 위스키에서 정말 중요한 과정이다. 효모가 당분을 먹고 배설하는 것이 바로 알코올이므로, 효모가 알코올을 만들어내기 위해서는 당분을 먹고 소화시켜야 한다. 당분은 여러 가지 곡물에 함유되어 있으나, 대체로 복잡한 전분의 형태로 함유되어 있어 효모의 소화·분해 작업을 힘들게 한다. 보리를 예로 들자면 몰팅이란 보리 안에 숨겨진 전분을 무르고 덜 복잡한 당분으로 변화시켜 효모의 소화작용을 돕는 과정이다. 몰팅은 보리의 발아를 촉진시키기 위한 환경 조건, 통상적으로 따뜻하고 습한 환경 조건을 만들어주는 방식을 통해 진행된다. 몰팅은 타이밍이 관건인데, 제시간에 억제시키지 않으면 보리의 자연적 특성상 발아하면서 당분을 고갈시키기 때문이다. 몰팅 과정의 '중단' 방법은 보리가 더 발아되지 못할 정도로 열을 가하는 것이다. 그러면 보리가 미니 수류탄 모양을 한 채 완전히 마르면서 효모가 실컷 먹을 정도로 당분이 가득해지게 된다.

몰트위스키
↓

세계에서 가장 알아주는 위스키라고 말해도 될 만한 싱글몰트 이야기부터 해보자. 싱글몰트위스키는 물, 보리, 효모의 단 세 가지만을 원료로 사용해 단일 증류소에서 구리 단식 증류기로 증류되어 제조된다. 이때 보리를 먼저 피트로 훈연시킨 다음에 사용하기도 한다. 이런 방법으로 제조하면 스모키 풍미가 부여되는데, 이는 사람에 따라 호불호가 갈린다. 아일레이 섬, 스카이(Skye) 섬, 오크니(Orkney) 섬이 이런 피티드(peated) 싱글몰트의 제조 지역 가운데 가장 유명한데, 라프로익(Laphroaig), 아드벡(Ardbeg), 탈리스커(Talisker), 하이랜드 파크(Highland Park) 같은 브랜드가 특히 스모키 풍미가 두드러진다. 또 라프로익의 경우에는 약품 같은 향이 강하게 풍기기도 한다. 한편 싱글몰트 스카치위스키의 언피티드(unpeated) 스타일 가운데는 글렌리벳과 글렌피딕 같은 파워 브랜드들이 싱글몰트위스키에서 세계 최대 판매자로 군림하고 있으며 두 브랜드 모두 신선한 과일의 은은한 향과 더불어 입안을 기분 좋게 감싸는 몰트 특유의 달콤함이 특징이다. 스코틀랜드는 싱글몰트위스키 증류소들이 과잉이라고 할 정도로 많아서 다양한 풍미를 선사하고 있다. 하지만 이들 증류소 대다수는 싱글몰트위스키를 판매 목적으로 직접 제조하는 것이 아니라, 블렌디드 위스키의 핵심 원액을 제공하고 있다.

블렌디드 위스키와 그레인위스키
↓

명칭에서도 짐작이 갈 테지만 블렌디드 위스키는 여러 곳의 싱글몰트 증류소에서 가져온 원액뿐만 아니라 스코틀랜드의 또 하나의 주요 위스키 제품인 그레인위스키를 섞어서 만든다. 그레인위스키는 어떤 것이든 곡물을 베이스로 사용하여 대규모 생산 설비의 대형 연속식 증류기에서 제조되는데, 몰트위스키보다 더 달콤하고 가벼운 풍미를 띤다. 싱글 그레인위스키는 싱글몰트위스키만큼 시중에서 흔히 보이지는 않지만 점점 인기가 높아지고 있으며, 그 이유는 싱글몰트가 점점 구하기 힘들어지고 가격이 올라가기 때문이기도 하고 편하게 마실 수 있다는 특징 덕분에 싱글 그레인위스키가 새롭게 주목을 받고 있기 때문이기도 하다.

싱글몰트 스카치위스키의 세계적 판매는 현재 세계 스카치위스키 시장의 약 92%를 점유하고 있는 블렌디드 위스키의 판매에 밀려 점점 위축되고 있지만, 또 한편으로는 블렌디드 위스키의 높은 판매량 덕분에 스코틀랜드의 싱글몰

트 증류소 대다수가 여전히 문을 닫지 않고 유지되고 있기도 하다. 조니 워커, 시바스 리갈, 커티삭(Cutty Sark) 같은 대형 글로벌 브랜드는 스카치위스키의 세계적 성장에 이바지해왔고, 또 그 결과로 몰트 증류소들은 싱글몰트를 더 많은 전문가들(마스터 블렌더)에게 선보일 수 있게 되었다. 그러니 누군가 블렌디드 위스키의 꼬투리를 잡으려 한다면 잠깐 이런 얘기를 나누며 블렌디드 위스키를 권해보길 바란다.

싱글몰트 스카치위스키의 생산지

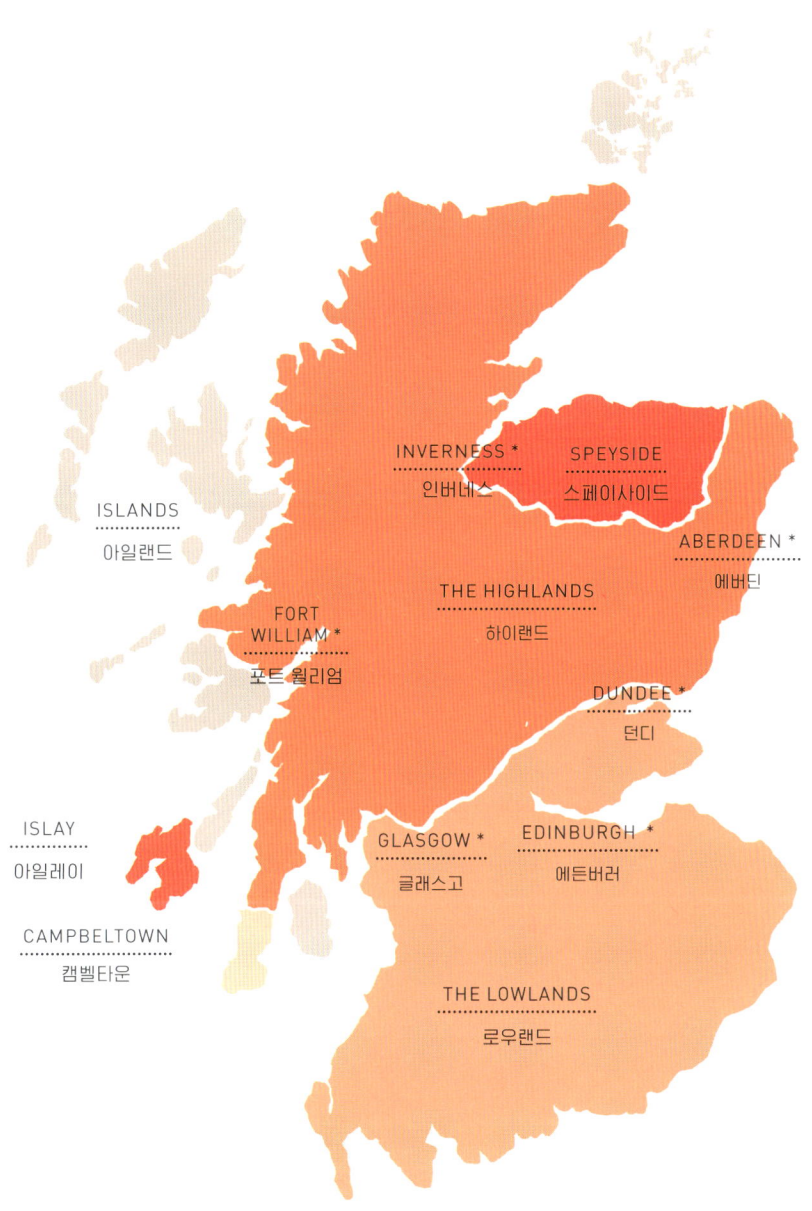

ISLANDS
아일랜드

INVERNESS *
인버네스

SPEYSIDE
스페이사이드

ABERDEEN *
애버딘

FORT
WILLIAM *
포트 윌리엄

THE HIGHLANDS
하이랜드

DUNDEE *
던디

ISLAY
아일레이

GLASGOW *
글래스고

EDINBURGH *
에든버러

CAMPBELTOWN
캠벨타운

THE LOWLANDS
로우랜드

스코틀랜드의 주요 위스키 생산지역은 여섯 곳*으로 나뉜다.

위스키 제2의 고향, 미국

많은 사람들이 버번 위스키를 미국의 토종 스피릿으로 알고 있지만 사실 역사를 거슬러 올라가보면 200년 전에 미국에서 살았던 유럽 정착민들에게로 이른다. 그 증류 기술의 역사 또한 스코틀랜드와 아일랜드는 물론이요 다소 의외겠지만 웨일스의 기술에 다다르게 된다. 버번 카운티(Bourbon County)에서 위스키를 제조한 최초의 인물 가운데 한 명인 에반 윌리암스(Evan Williams)는 고국 웨일스에서 미국으로 이주해온 사람이었다. 또한 기록에 따르면 미국 위스키계에서 또 한 명의 유명한 이름인 잭 다니엘(Jack Daniel)도 웨일스인 할아버지와 스코틀랜드인 할머니를 둔 인물이었다.

새까맣게 태운 통

↓

버번 카운티가 점점 성장함에 따라 전통도 쌓여갔다. 전해오는 바에 따르면, 다소 검소한 편이던 엘라이저 크레이그(Elijah Craig) 목사는 재사용 통에 버번을 보관했는데, 이때 이전에 담겼던 내용물의 자취를 제거하기 위해 통을 불로 새까맣게 태웠다고 한다. 시간이 지나며 위스키가 미국 전역으로 보급되는 사이에 이렇게 태우는 방법이 기막히게 부드럽고 향긋한 스피릿을 만들어줄 뿐만 아니라 진하고 짙은 빛깔을 우려내준다는 사실을 발견하게 되었다. 그러다 1936년에는 미국의 법에 따라 버번의 제조에 새까맣게 태운 새 통만 사용하도록 규정하기에 이르렀다. 한편 이렇게 버번의 제조에 사용된 통은 용도가 끝나면 대개 스코틀랜드로 실려 가서 싱글몰트 스카치위스키에 버번과 비슷한 과일 향과 바닐라 향을 부여해준다.

증류의 유산

↓

버번은 대체로 연속식 증류기를 통해 2차까지 증류되며 더러는 켄터키 주의 우드포드 리저브 디스틸러리(Woodford Reserve Distillery)처럼 스코틀랜드에 있는 단식 증류기들과 비슷한 단식 증류기를 이용하기도 한다. 다만 이 경우의 가장 중요한 차이라면 발효즙을 만들기 위해 사용하는 효모의 균주다.

그동안 수많은 버번 증류업자들이 여러 가지 효모 균주를 지키기 위해 공들여왔으며, 그 중 일부 균주는 그 기원이 아주 오래전까지 거슬러 올라간다. 그런가 하면 포 로지즈(Four Roses)의 마스터 디스틸러 짐 러틀리지(Jim Rutledge)는 각각의 효모가 최종 스피릿에 부여해주는 독특한 풍미를 추적해오기도 했다. 이와 같은 열정에 힘입어 오늘날의 버번 제조자들은 조상들의 숨결을 느끼게 되었다. 이 덕분에 미국의 증류업계는 다채롭고 생기 가득한 세계가 되고 있다.

그렇다면 버번은 어떻게 만들어질까? 확실히 스코틀랜드의 위스키 제조법과는 조금 다르다. 우선 베이스 스피릿을 만드는 데 사용하는 재료가 한 가지가 아니라, 옥수수, 호밀, 맥아의 세 가지 곡물이다. 매시빌이라고 불리는 이 곡물의 혼합은 균형만 완벽히 맞춰주면 다재다능하고 각 곡물별 특유의 풍미가 살아 있는 스피릿으로 거듭나게 된다.

1. 옥수수

버번 매시빌의 주된 곡물 성분으로 법에 따라 함유율이 51% 이상이어야 한다. 옥수수는 높은 알코올함량을 내는 데 유용할 뿐만 아니라 최종 스피릿에 특유의 달콤함을 부여해준다. 괜히 사탕옥수수(sweetcorn)라고 부르는 게 아니다. 옥수수 위스키는 수십 년 동안 불법 증류업자의 전유물로, 비숙성 화이트 스피릿으로 제조되어 스크류캡 병에 담겨 상당히 혹할 만한 가격으로 팔렸다. 하지만 현재는 싱글콘(single corn) 위스키가 그 독특한 달콤함으로 바텐더들에게 점점 인기를 끌고 있다. 특히 디스틸러이자 발콘스 디스틸러리(Balcones Distillery)의 운영자인 칩 테이트(Chip Tate)는 뛰어난 숙성 옥수수 위스키 여러 종류를 제조하면서, 옥수수 위스키 부문에 다채로움을 더해주고 있다.

2. 호밀

호밀은 버번의 제조에 있어 풍미 부여의 최강자로서, 매시빌에서 톡 쏘는 스파이시 풍미를 더해주고 드라이한 맛의 중심을 잡아준다. 호밀빵을 먹어봤다면 그 느낌을 잘 알겠지만 버번에는 호밀 특유의 훈훈한 향이 배어 있기도 하다. 호밀을 너무 많이 넣으면 위스키의 균형이 한쪽으로 치우치게 되는데, 오래전부터 미국의 몇몇 증류업자들은 오히려 이 점을 기발하게 이용해 호밀의 풍미가 농후한 독특한 위스키를 출시해왔다. 이런 미국의 위스키 제조 스타일은 현재의 트렌드와 잘 맞는다. 강렬하고 독특한 풍미는 미국의 클래식 스타일 위스키 칵테일로 마시든, 얼음을 넣어 언더락으로 마시든 기막히게 잘 어울리기 때문이다.

3. 맥아

맥아는 모든 풍미를 결합시켜 주는 동시에 그 자체로도 최종 스피릿에 몰트 특유의 풍미를 부여해준다. 현재는 미국에 크래프트 증류들이 속속 등장하면서 맥아를 사용하는 (법적으로는 버번으로 분류되지 않는) 싱글몰트위스키에 대한 연구가 점점 활발해지고 있는데, 이런 종류의 싱글몰트위스키는 스카치위스키와 비슷한 개성을 가지고 있으면서도 (대체로 훨씬 뜨거운 온도에서의) 숙성 조건 때문에 독특한 풍미 프로필을 띤다.

4. 그 외의 곡물

(큰 인기를 누리는 메이커스 마크 같은) 다수의 증류소들은 버번에 크리미한 맛을 더해주기 위해 밀을 사용한다. 하지만 비교적 실험정신이 투철한 몇몇 증류업자들은 메밀, 외알밀, 수수, 율무, 키노아 등의 여러 가지 곡물을 원료로 사용하고 있다. 이런 원료들로 증류된 버번은 하나같이 알코올 도수가 아주 높으며, 이 중 몇몇 경우는 완전히 푹 빠질 만한 풍미를 선사하기도 한다.

아일랜드는 한때 위스키 제조가 활발히 이루어졌으나 금주법 시행기 동안 심각한 타격을 입었다. 하지만 다시금 부흥기를 맞아 아일랜드 전역에 작은 증류소들이 속속 생겨나는 중이다.

현재 아일랜드의 싱글몰트위스키는 점점 인기를 끌어가고 있는데 북아일랜드 북단의 자이언츠 코즈웨이(Giant's Causeway)에 인접해있는 부시밀즈 디스틸러리(Bushmills Distillery)가 특히 이런 인기를 주도하고 있다.

아일랜드 남부에 자리 잡은 아일랜드 위스키의 진정한 최강자 미들턴 디스틸러리(Midleton Distillery)도 주목할 만하다. 미들턴 디스틸러리는 대형 구리 단식 증류기를 사용하고 몰팅된 보리와 몰팅되지 않은 보리를 혼합시킨 매시빌로 다양한 종류의 위스키를 만들어내고 있다. 또한 여러 종류의 나무 통을 사용하여 추가 숙성을 진행해, 여러 브랜드의 '싱글 팟 스틸 위스키(Single Pot Still Whiskey)' 제품을 출시하고 있는데 저마다 독특한 풍미 프로필을 띠고 있다.

글래스고 인근의 유명한 증류소 오큰토션(Auchentoshan)만은 예외지만 스코틀랜드의 증류소들은 위스키를 2차까지만 증류하는 반면, 부시밀즈 디스틸러리나 미들턴 디스틸러리는 모두 3차까지 증류시킨다. 스코틀랜드의 증류업자에게 이런 차이에 대한 이유를 묻는다면 이렇게 빈정거리기 십상이다. "그야 아일랜드 사람들은 제대로 된 위스키를 만들려면 세 번씩이나 해야 하지만 우리는 두 번만에 해내니까 그런 거죠!" 하지만 사실은 그렇지 않다. 즉, 3차까지 증류시키면 숙성이 잘 되어 마시기 편하고 칵테일로도 잘 섞이는, 비교적 가벼운 스타일의 스피릿으로 빚어지기 때문이다.

아일랜드의 미들턴 디스틸러리에 있는 이 대형 단식 증류기는 이제 알 만한 사람은 다 아는 명물이 되었다.

위스키계의 떠오르는 태양, 일본

지난 20년 사이의 어느 시점엔가 스코틀랜드에서 영업을 하는 일본인 위스키 세일즈맨이 있었다면, 그는 '뉴캐슬(오래전부터 석탄의 산지로 유명했던 항구 도시)에 석탄을 파는' 격의 일을 했던 셈이다. 그럼에도 불구하고 이 세일즈맨은 의지를 굽히지 않았고, 몇 년 후 남들이 보지 못한 지점을 파고들어 여러 개의 상까지 수상할 만큼 세계적으로 인정받는 위스키를 탄생시켰다. 확실히 일본의 위스키는 말 그대로 성공 스토리를 이루어냈으며, 그것도 특히 풍미의 분야에서 무시할 수 없을 만큼 인상적인 성공을 거두었다.

일본의 성공 스토리
↓

일본의 위스키 제조 역사는 1920년대 초로 거슬러 올라가며 타케츠루 마사타카와 토리이 신지로라는 두 사람의 열정이 그 뿌리였다. 타케츠루는 스코틀랜드에서 유기화학을 공부하며 가슴에 비전을 품고 있었다. 스카치위스키의 제조 비법을 풀어내, 그 비법을 가지고 일본으로 돌아가 일본 최초의 위스키를 만들어보는 것이었다. 타케츠루는 헤이즐번 디스틸러리(Hazelburn Distillery)에 견학과 실습을 다니며 증류가 어떤 원리로 이루어지는지, 또 위스키에 꼭 필요한 풍미들이 어떻게 우려지는지 등에 대한 복잡한 과정을 차츰 이해하기 시작했다. 산업 스파이 아니냐고? 그럴지도 모른다. 하지만 그는 끈기를 발휘했고 그런 노력 끝에 1923년에 토리이와 함께 일본 최초의 위스키 증류소를 세웠다. 훗날 '야마자키(Yamazaki)'라는 이름으로 불리게 되는 이 증류소의 위치는 교토에서 멀지 않은 곳이었다. 기후는 헤이즐번 디스틸러리가 위치한 캠벨타운보다 더 따뜻했으나 여러 가지로 조건이 비슷했고 다행스럽게도 위스키를 통에서 서서히 숙성시키는 데 이상적이었다.

그렇게 스피릿 제조의 혁명이 시작된 이후로 지난 90여 년 사이에 일본의 위스키 제조는 괄목할 만한 성장을 거두었고, 현재 (야마자키 디스틸러리와 하쿠슈 디스틸러리의 소유주인) 산토리(Suntory)와, 타케츠루가 1934년에 토리이와 결별하면서 세운 회사로 요이치 디스틸러리와 미야기쿄 디스틸러리를 거느린 니카(Nikka)가 막상막하의 치열한 경쟁을 벌이는 중이다. 산토리와 니카 모두 싱글몰트위스키를 제조하고 있는데 독특한 과일과 훈연 향, 그리고 은은한 향신료의 풍미로 입안에 강렬한 인상을 준다. 그뿐만 아니라 스코틀랜드 아일레이산의 위스키처럼 피트 특유의 풍미가 느껴지는 싱글몰트위스키도 더러 만들어내고 있다.

일본의 국내 소비자들 사이에서는 블렌디드 위스키에 대한 수요 또한 상당히 높으며 히비키(Hibiki, 병 디자인이 정말 인상적이다. 이 근사한 위스키를 맛본 적이 없더라도 구글에서 병의 모습을 한번쯤 검색해보길 권하고 싶다), 카쿠빈(Kakubin), 니카 위스키 프롬 더 배럴(Nikka

Whisky from the Barrel) 같은 블렌디드 위스키는 잔에 수정처럼 투명한 얼음을 채워서 따르고 품질 좋은 생수로 희석시켜 일명 하이볼(Highball)이나 (정수 물로 희석시키) 미즈와리로 만들면 여유를 갖고 느긋하게 마시기에 더없이 좋다. 당신, 혹은 배우자나 친구가 위스키의 '센 도수'를 싫어할 경우 이렇게 간단하게 뚝딱 만들어 마셔보면 그 풍미에 놀라워할 것이다. 정말 괜찮다.

현재는 이 쟁쟁한 브랜드들이 시장을 휘어잡고 있지만 그 외에 또 다른 네 곳의 증류소 또한 다양한 스타일과 품질의 위스키를 출시하며 성업 중이다. 이 중에 특히 주목할 만한 곳은 아쿠토 이치로가 2008년에 설립한 치치부 디스틸러리(Chichibu Distillery)와 효고현 남서부 지역에 자리 잡고 있으며 위스키 제조의 출발시점이 야마자키 디스틸러리와 비슷한 에이가시마 화이트 오크 디스틸러리(Eigashima - the White Oak Distillery)다. 두 증류소 모두 아주 소규모 증류소로서 다른 경쟁사와 비교하면 규모가 난쟁이 수준이지만 시장에서 조금씩 약진하기 시작했다. 소매점의 상품 비치 수준을 기준으로 밝히자면, 현재는 매장에 가보면 스코틀랜드산의 그 어느 위스키 못지않게 일본산 위스키도 찾아볼 수 있다. 게다가 스코틀랜드의 위스키를 살짝 넘어서는 것들도 있을지 모른다.

일본 위스키의 대부로 통하는 타케츠루 마사타카는 스코틀랜드에서 기술을 연마했다.

그 외의 위스키 제조국

위스키의 성장은 지금까지 소개한 4개국에만 한정된 이야기가 아니다. 세계 지도를 펴놓고 위스키 제조가 활발히 이루어지는 국가를 압정으로 표시한다고 치면 (호주에서부터 스웨덴과 대만에 이르기까지) 27개 정도의 압정이 필요할 것이다. 하지만 국가마다 위스키라는 이름은 어디나 다 똑같지만 그 제조법, 원료, 통의 나무 종류, 최종 스피릿의 숙성 기간은 천차만별이다. 예를 들어 오스트리아의 수제 방식 증류소인 발트비에르틀러 로게노프(Waldviertler Roggenhof)에서는 요한 하이더(Johann Haider)가 새 만하르츠베르거(Manhartsberger) 오크통을 이용한 숙성 비법을 개척함으로써, 최종 호밀 위스키와 몰트 위스키에 독특한 달콤함과 활기찬 향을 부여하고 있다. 일부 전통주의 증류업자들은 위스키의 맛의 프로필에 대한 전통적 기준에서 크게 벗어나지 못해서 이런 종류의 위스키를 개척하지는 못할 것이다. 그리고 그로 인해 다른 증류업자들은 케케묵고 진부하며 다가가기 어렵게 느껴질 만한 영역에서 새로운 기회를 엿볼 수 있는 것이다.

위스키의 신개척지
인도

↓

마지막으로 살펴볼 나라는 인도다. 인도는 세계 최대의 위스키 소비국이지만 인도에서 소비되는 위스키의 대다수는 우리가 흔히 알고 좋아하는 그 위스키와는 다르다. 암룻(Amrut)이나 폴 존(Paul John)의 싱글몰트위스키 같은 소수 브랜드의 제품을 제외하면 사실상 인도의 위스키 대부분은 달콤한 럼의 풍미 프로필 쪽에 더 가까운데, 이는 대체로 위스키의 베이스 원료가 몰팅 곡물이 아닌 당밀을 베이스 원료로 사용하는 것이 그 원인이다. 자, 그럼 이쯤에서 깜짝 놀랄 만한 사실을 소개하겠다. 인도의 4대 위스키 브랜드의 총 판매량에 비교하면 스카치위스키의 전 세계 판매량은 난쟁이 수준에 불과하다는 것이다. 하지만

유럽과 미국에서는 위스키 제조에 대한 법과 규정이 마련되어 있기 때문에 웬만한 지역에서는 정식 허가를 받은 주류 매장에서 이런 거대 시장인 인도의 브랜드들을 찾아보긴 힘들 것이다.

어쨌든 한 가지는 분명하다. 복잡한 시장인 인도가 그 종류를 막론하고 위스키를 정말로 좋아한다는 점이다. 또한 현재 세계 대중의 미각과 기호가 발달하고 있어서 누구나 사랑하는 위스키에 세계적 부흥이 일어난다면 인도가 여기에서 아주 중요한 역할을 하게 될 것이다.

위스키 관련 필수 상식 다섯 가지

1.

스코틀랜드에서는 위스키의 스펠링에 'e'를 넣지 않는 바면
아일랜드와 미국에서는 대체로 이 모음을 집어넣어 'whiskey'로 쓴다.

2.

위스키의 숙성 과정 중에 손실되는, 일명 '천사들의 몫'은 지역마다 달라서,
스코틀랜드에서는 연간 평균 2% 정도이며 인도나 미국처럼
더 뜨거운 기후의 지역에서는 10% 정도이다.

3.

조니 워커는 세계 판매 1위의 스카치위스키 브랜드다.

4.

프랑스는 판매량이나 판매액 면에 있어 스카치위스키의 최대 소비국이다.

5.

인도의 위스키는 대개 맥아, 옥수수, 호밀이 아닌
당밀, 맥아나 그외의 곡물 혼합물을 주원료로 해서
풍미가 위스키보다는 럼에 가깝다.

칩 테이트(Chip Tate)
발콘스 디스틸러리(BALCONES DISTILLERY), 미국 텍사스 주 웨이코

2008년에 설립된 발콘스 디스틸러리는 급성장 중인 미국의 크래프트 스피릿 증류소들 가운데서도 특히 대단한 명성을 구축했다. 칩은 블루콘(blue corn)을 원료로 쓰는 위스키에 주력하고 있는데, 이 블루콘이라는 특이한 곡물은 전통적으로 증류시키기가 굉장히 힘들다.

발콘스 디스틸러리의 차별점은 무엇인가요?

조합이 아닐까요? 확실히 저희의 장비는 '맞춤 조립'되는 면이 있으니까요. 저희는 아주 특별한 스타일의 증류액을 만들기 위해서 모든 장비를 맞춤 조립합니다. 아니, 그보다는 저희의 접근법이 더 큰 차이점일지 모르겠군요. 저희는 아주 오래된 아이디어와 방법들을 재결합시키고 이리저리 응용해서 혁신적이고 독특한 결과를 끌어냅니다. 예를 들어 (극비 방법에 따라 스피릿에 텍사스산의 스크럽 참나무(scrub oak) 풍미를 부여하는) 브림스톤(Brimstone) 위스키 제조 과정에서의 훈연법이나, 럼이나 브랜디도 아니고 위스키나 벌꿀 술도 아닌, 발콘스 디스틸러리의 독특한 스피릿인 럼블(Rumble)를 제조할 때 무화과, 꿀, 설탕을 독특하게 조합시키는 것이 그런 경우죠.

새로운 스피릿을 만들 때 원칙이 있다면요?

정말로 새롭고 흥미로운 방식의 풍미 조합을 목표로 삼고 있지만 새로움을 위한 새로움은 피하려 합니다. 저희가 만들려고 애쓰는 새로운 스피릿은, '어쩌다' 새로운 스피릿이 되었지만 100년 전에도 만들어질 수 있었을 법한 그런 스피릿입니다.

증류소를 운영하면서 깨우친 최대의 수확을 꼽는다면 뭐가 있을까요?

위스키에서 새로운 것을 맛본다는 것이 얼마나 흥미로운 일이지 알게 될 거이겠죠. 떠어나고 아주 전통적인 위스키를 제조하는 대형 증류소들도 많지만, 저는 월요일에 떠올린 아이디어를 그 주가 끝나기 전에 바로 제조의 과정으로 옮길 수 있습니다. 그런 이유 때문에 혁신과 크래프트 스피릿이 아주 강하게 얽혀있는 게 아닐까요?

발콘스 디스틸러리를 세 단어로 표현한다면요?

품질, 혁신, 신뢰성이요.

위스키와 나무

훌륭한 위스키를 제조하는 문제에 관한 한 세계 어느 지역을 막론하고 한 가지 변함없는 비법이 하나 있으니, 바로 최고 품질의 나무다. 위스키는 다크 스피릿이다. 다시 말해, 이 책에서 소개된 다른 어떤 스피릿보다도 빛깔과 풍미의 추출에서 오크통에 대한 의존도가 높다. 이런 오크통은 위스키의 숙성에 여러 번 재사용되기도 하지만, 미국의 버번 위스키의 경우에는 예외여서 숙성통은 새 오크(사용된 적이 없는 오크)여야 하고 통의 재사용도 불가능하다.

잔여 풍미 우리기

↓

통이 한 번씩 사용될 때마다 그 안에 담겨 숙성되는 스피릿에 우려지는 풍미는 줄어들게 마련이다. 다시 우릴 때마다 차 맛이 점점 약해지는 티백의 이치와 마찬가지다. 통에서 어떤 풍미가 우려지는가에 대한 점 역시 티백과 다르지 않다. 잔 안에 영국의 전통적인 홍차 티백을 넣으면 홍차의 맛이 우려진다. 하지만 극동 지역산의 좀 이국적인 녹차 티백이라면 잔에 전혀 다른 풍미가 우려지게 된다. 이것은 너무나 뻔한 결과다. 오크는 물관과 체관으로 구성된 다공성의 물질이기 때문에 어떤 성분으로 채워지면 그것을 흡수해 일부분을 그 안에 품고 있다.

　버번 제조의 경우는 예외지만 전 세계의 위스키 제조자들은 대체로 사용된 적이 있는 통을 재사용하며, 특히 셰리, 포트, 와인 같은 유럽산 주류나 버번의 숙성통으로 사용되었던 통을 많이 쓴다. 가령 셰리 숙성용으로 쓰였던 통을 사용하면 위스키에 건과일의 풍미가 풍부하게 우려진다. 버번 숙성통으로 쓰였던 통의 경우엔 전통적으로 바닐라와 흰 꽃의 풍미가 우려진다. 반면

에 버번은 새 오크통에 담겨져서 생바닐라 깍지의 풍미와 떫고 쌉쌀한 나무 특유의 풍미가 강렬하게 우려진다.

나무의 종류

↓

위스키는 통의 소재로 어떤 종류의 나무를 사용하느냐에 따라 풍미가 달라진다. 스코틀랜드에서는 오크통만 사용 가능한데 통상적으로 미국이나 유럽의 오크를 쓴다. 미국산 오크 나무는 유럽산 오크 나무보다 더 곧게 자라 나뭇결이 비교적 촘촘하다. 그래서 스피릿에 나무 풍미가 덜 우려지는 데다 이전에 그 통에 담겨 숙성되던 성분의 자취를 덜 간직하게 되어, 비교적 가벼운 스타일의 위스키가 만들어진다. 반면에 유럽산 오크는 나뭇결이 훨씬 더 성긴 편이라 위스키에 더 짙은 풍미와 강렬함을 부여해준다.

　실험적으로 북유럽산이나 폴란드산 오크 같은 다양한 스타일의 오크를 사용하는 경우도 많다. 특히 일본의 미즈나라 오크는 유럽산이

나 미국산의 전통적 품종을 제외한 품종 가운데 숙성에 있어 최적의 소재로 꼽히며, 이것은 일본의 증류소만이 아니라 스코틀랜드의 증류소에게 두 해당되는 얘기다 미즈나라 오크는 딱딱말하고 곧게 자라지 않아 통으로 만들기가 유독 까다롭지만 이 희귀한 오크의 통에서 숙성된 위스키는 높은 품질이 보장된다.

크기도 중요하다
↓

증류소들의 말마따나 나무통의 선별에서 '마지막 단계'는 통의 크기다. 간단하게 말해 작은 통 속의 스피릿은 큰 통에 담긴 스피릿보다 더 빠르게 숙성된다. 스피릿과 통에 닿는 면적의 비율이 더 높기 때문이다. 다시 한번 티백에 비유해보자면, 티포트가 크면 찻물에 차의 풍미를 우려내기 위해 더 많은 티백이 필요한 것과 같은 이치다.

스코틀랜드에서는 법적으로 용량이 700리터가 넘는 통은 스피릿의 숙성통으로 사용할 수 없다. 한편 스카치위스키라는 명칭을 붙이기 위해서는 최소한 3년 동안 숙성시켜야 하기 때문에, 작은 통을 사용할 경우 숙성 속도가 아주 빨라져서 제 이름을 얻을 수 있기도 전에 통 속에서 망쳐질 가능성도 있다.

그런데 현재 미국과 스코틀랜드의 일부 업체에서는 갓 제조된 스피릿에 '가정에서의 숙성'용 1-25리터들이 소용량 통을 함께 끼워넣어 세트로 판매하고 있다. 하지만 이런 제품의 위스키를 살 때는 주의해야 한다. 스피릿이 숙성되는 과정을 지켜보는 재미가 쏠쏠할지는 모르겠지만 위스키가 아주 빠르게 숙성되어 맛이 형편없어질 가능성이 높기 때문이다.

버트(butt) / 500ℓ

파이프(pipe) / 480ℓ

펀천(puncheon) / 320ℓ

호그즈헤드(hogshead) / 250ℓ

배럴(barrel) / 200ℓ

쿼터(quarter) / 125ℓ

하이랜드 암소
평균 신장 / 1.8m

인터뷰

아쿠토 이치로(Ichiro Akuto)
일본 치치부

17세기까지 거슬러 올라가는 일본 증류소 역사의 오랜 계보를 잇는 21세기 세대 아쿠토 이치로는 지난 10여 년에 걸쳐 일본 위스키 장인의 세계에서 중심 주자로 활약해 왔다. 현재는 안타깝게도 문을 닫은 전설적인 한유 디스틸러리(Hanyu Distillery)의 남은 유산을 지켜온 공로만이 아니라, 일본의 신흥 위스키 증류소인 치치부 디스틸러리(Chichibu Distillery)가 있게 한 숨은 주역으로도 잘 알려져 있다.

치치부 디스틸러리만의 차이점은 뭡니까?

세 가지인데 첫 번째는, 빈손으로 시작해서 제 자신의 설계에 따라 독자적인 증류소를 세울 수 있었던 남다른 환경입니다. 또 두 번째는 함께 일하는 동료들의 열정이고 세 번째는 기본으로 돌아간 위스키 제조법으로 분쇄에서 증류까지 모든 것을 이 작업장에서 수행한다는 것입니다.

새로운 스피릿을 만들 때 중요하게 여기는 원칙이 있다면요?

저는 일본의 위스키가 상당히 주목을 끌게 되었고 그래서 제가 이제는 세계무대에서 활동하고 있는 셈이라는 사실을 상당히 의식하고 있습니다. 정말로 20년 전에 비해 훨씬 많은 주목을 받고 있는 것 같습니다. 그런 만큼 최고의 재료를 구해서 올바른 방법으로 제조해 성공한 브랜드들의 뒤를 이어가려 전력을 다하고 있습니다.

증류소를 운영하면서 깨우친 최대의 수확을 꼽는다면요?

글쎄요. 발효와 증류 같은 위스키 제조의 핵심 부분은 상당히 고정적이 펴이지마 그 이외 부분에서는 실험이 가능하다는 사실이라고 말해야겠군요. 예를 들면 플로어 몰팅(실내의 넓은 바닥에서 발아시키면서 사람이 손으로 삽 등을 이용하여 뒤집는 방법)의 시도, 인근의 보리 재배농들과의 협력, 일본산 오크로 독자적으로 제작하는 통과 발효조 같은 실험입니다.

치치부 디스틸러리를 세 단어로 요약한다면요?

21세기 세대의 혁신이요.

기분 좋고 아주 간단한 위스키 칵테일 모음

위스키 칵테일들은 스피릿을 좀 안다는 애주가들 사이에서 이런저런 논란의 대상이다. 예를 들어 잘 숙성된 에이지드 싱글몰트위스키를 달콤한 베르무트, 비터, 수북한 얼음과 섞어 마시는 것은 그야말로 신성모독이라거나, 클래식 칵테일의 레시피에 풍미를 더하는 것은 불문율인데 진보라는 이름을 내세워 그것을 깨도 되느냐는 등등의 말들이 많다. 솔직히 말해, 지금부터 소개할 칵테일들은 이런 불문율들을 따르지 않을 생각이며 유난히 예민한 기호를 가진 사람들이 불쾌해하든 말든 그 점은 신경 쓰지 않으려 한다. 아무튼 이 칵테일들이 우리의 입맛에는 그 맛이 기가 막힌다는 점과 누구라도 집에서 따라 하기에 정말 쉽다는 점만 밝혀두겠다.

버번 민트 줄렙(Bourbon Mint Julep)
↓

버번 베이스 칵테일 중에서 특히 인기가 높은 이 민트 줄렙은 미국 남부의 버지니아 주에서 탄생되었으며, 이 지역에서 버번이 대량 제조되던 것이 직접적인 탄생 배경이 되었으리라 추정된다. 이 칵테일의 장수 비결은 네 가지의 간단한 재료만으로 뚝딱 만들 수 있다는 간편함에 있다.

재료

- 그래뉴당(굵은 설탕), 또는 설탕시럽 2티스푼
- 생민트 4줄기 외에 가니시용으로도 몇 줄기
  별도로 준비
- 물 2티스푼(설탕 시럽을 쓸 경우엔 생략 가능함)
- 이 칵테일에 잘 어울리는 고품질 버번,
  와일드 터키 101(Wild Turkey 101)
  40㎖(계량컵 1 1/2잔)

조주법

콜린스 글라스(Collins glass) 스타일 잔에 설탕, 민트, 물, 약간의 잘게 부순 얼음을 넣고 으깨준다. 그 다음엔 버번과 잘게 부순 얼음을 더 넣어 저어주고 민트 줄기를 얹어준다. 이제 빨대를 꽂아 매력적인 미소와 함께 서빙해주면 틀림없이 반응이 좋을 것이다. 과일 풍미를 확실히 살려보고 싶다면 설탕 대신 블랙체리 잼 2티스푼을 넣으면 된다.

피티드 블러드 앤 샌드
(Peated Blood & Sand), 또는 하트 피트(Hart Peat)
↓

1977년에 이탈리아 출신 미국인 영화배우 루돌프 발렌티노(Rudolf Valentino)가 출연한 동명의 영화에서 이름을 딴 이 칵테일은 대체로 블렌디드 스카치위스키를 주인공으로 삼는다. 우리는 언젠가 어떤 특별 인도식 식사에 곁들일 만한 술을 만들어달라는 부탁을 받은 적이 있었다. 그때 우리는 그 사슴고기 코스를 위해 주류계의 청량제 같이 기분 좋은 미남배우격인 이 칵테일을 새롭게 고안해보기로 결정하며, 피트 훈연의 풍미와 달콤하고 오일리한 페드로 히메네스 셰리주풍 풍미가 잘 어우러진 것으로 유명한 라가불린 디스틸러스 에디션(Lagavulin The Distillers Edition) 싱글몰트 스카치위스키를 사용해 칵테일을 만든 후에 셰프가 요리한 그 육즙 가득하고 스파이시한 사슴고기 요리에 경의를 표하는 의미에서 수사슴이라는 의미의 하트(Hart)를 사용하여 하트 피트라고 이름 붙였다.

재료

- 라가불린 디스틸러스 에디션 25㎖(계량컵 1잔)
- 막 짜낸 블러드 오렌지(blood orange,
  과즙이 붉은 스위트 오렌지의)
  즙 25㎖(계량컵 1잔)
- 체리 브랜디 12.5㎖(계량컵 1/2잔)
- 안티카 포뮬러 카르파노 베르무트(Antica
  Formula Carpano Vermouth)
  20㎖(계량컵 3/4잔)
- 가니시용 민트 잎

조주법

얼음을 채운 셰이커에 재료들을 넣고 별이 보이기 시작할 정도로 격정적으로 흔든다. 여과기에 걸러 차갑게 냉각시킨 은색 고블릿 잔(집에 가지고 있다면)에 따른 후 가니시로 민트 잎 하나를 띄운다.

킹 오브 로우지즈(King of Roses)
↓

이번엔 뻔뻔스러움을 무릅쓰고 런던에서 몇 손가락 안에 꼽히는 바, 카시타(Casita)에서 통째로 훔쳐온 레시피를 그대로 소개하겠다. 의외겠지만 사실 카시타는 손님이 20명만 넘어도 아주 꽉 찬 느낌이 들만큼 좁은 곳이다. 하지만 팔꿈치로 문을 밀고 바에 들어가 바텐더에게 킹 오브 로우지즈를 주문해서 맛보게 되면 그 자리에서 일어나기가 힘들어 질 것이다.

재료

- 포 로우지즈(Four Roses) 버번 50㎖(계량컵 2잔)
- 더 킹즈 진저(The King's Ginger) 리큐어 25㎖(계량컵 1잔)
- 막 짜낸 오렌지 즙 50㎖(계량컵 2잔)
- 막 짜낸 레몬 즙 25㎖(계량컵 1잔)

조주법

위의 모든 재료와 얼음을 (달콤함을 더하고 싶다면 약간의 진저브레드 시럽도 함께) 셰이커에 넣고 흔든 후 작은 샴페인 쿠페(Champagne coupe) 글라스에 더블 스트레인(미세한 망이 달린 스트레이너를 함께 사용하여 이중으로 걸러내는 것)으로 따른다.

시음해볼 만한 추천 위스키 10선

전 세계에 뛰어난 스타일의 위스키가 넘쳐나고 있다는 점을 감안하면 그중에서 추천 위스키를 10가지만 골라내기란 불가능에 가까운 일이다. 그래서 우리는 논의와 수정을 거듭한 끝에 다음에 소개될 위스키들을 뛰어난 위스키 제조의 최고 사례로 뽑았다. 여기에는 스코틀랜드, 아일랜드, 미국, 일본을 비롯해 비교적 덜 유명한 위스키 제조 지역까지 포함시켰다.

레드브레스트 15년 싱글 팟 스틸 아이리시 위스키
REDBREAST 15-YEAR-OLD SINGLE POT STILL IRISH WHISKEY
46% | 아일랜드

카운티 콕(County Cork)의 미들턴 디스틸러리에서 제조되는 싱글 팟 스틸 위스키 계열에 속하는 레드브레스트는 최근에 종류가 더 늘어나 이제는 12년, 15년, 21년 에디션이 출시되고 있다. 특히 이 15년 에디션은 아일랜드의 위스키 제조의 수준을 한 단계 끌어올린 제품으로서, 풍미가 가득하면서도 마시기에 부담 없는 숙성 스피릿이다.

조지 T. 스태그 싱글 배럴 15년 켄터키 스트레이트 버번 위스키
GEORGE T. STAGG SINGLE BARREL 15 YEAR KENTUCKY STRAIGHT BOURBON WHISKEY
72.4% | 미국 켄터키 주

이 버번은 버번계의 야수라고 표현해도 될 만큼 잔 안에서 이를 드러내고 으르렁거리는 듯한 느낌을 준다. 아주 소량씩만 제조되고 인기가 상당하며, 복합적면서도 정교해서 과일, 바닐라, 시큼한 체리, 다크 초콜릿의 풍미가 구운 오크, 파르마 제비꽃(Parma violet)의 풍미와 어우러져 있다. 스태그는 버팔로 트레이스 디스틸러리(Buffalo Trace Distillery)에서 제조되는 브랜드지만 높은 명성에도 불구하고 무게 잡는 전문가들을 의식해 절충을 벌이는 일 없이 공들여 버번을 제조하고 있다. 누가 '스태그' 아니랄까봐 스태거링(staggering)하지 않은가? 대단하지 않은가?

커호만 마키르 베이 아일레이 싱글몰트 스카치위스키

KILCHOMAN MACHIR BAY ISLAY SINGLE MALT SCOTCH WHISKY

46% | 스코틀랜드 아일레이 섬

신설티는 증류소가 드문 아일레이에서 커호만(2005)을 지난 124년 사이에 아일레이에 설립된 최초의 신흥 증류소였다. 뛰어난 풍미를 자랑하는 마키르 베이는 한마디로 버번 통과 셰리통에서 숙성을 거친 4년과 5년 숙성된 위스키의 환상적인 결합이다. 훈연 향에 구운 마시멜로와 은은한 바닐라 향이 복합적으로 어우러지면서, 입안에는 달콤하고 크리미한 과일 풍미와 훈연 풍미를 선사한다.

코세어 익스페리멘틀 컬렉션 100% 켄터키 라이 위스키

CORSAIR EXPERIMENTAL COLLECTION 100% KENTUCKY RYE WHISKEY

46% | 미국 테네시 주

대부분의 사람들은 'artisan(장인)'이라고 하면 조주소를 '수제 방식'의 설비로 조금 바꿔 놓고는 마케팅 도구로 내세우는 명칭쯤으로 여긴다. 하지만 2007년에 대렉 벨(Darek Bell)에 세워진 코세어는 크래프트 증류소로서의 자격을 당당히 내세울 수 있는 곳이다. 대렉의 다른 착상과 마찬가지로, 미친 열정으로 빚어진 이 100% 호밀 위스키는 알싸함과 더불어 백후추, 구운 견과류, 계피가루를 뿌린 맛좋은 돼지 바비큐의 풍미가 입안을 아주 강렬하게 채워준다.

카루이자와 1983 캐스크 #7576 재패니즈 싱글몰트위스키

KARUIZAWA 1983 CASK #7576 JAPANESE SINGLE MALT WHISKY

57.2% | 일본 (현재 증류소는 문을 닫음)

2000년에 카루이자와가 문을 닫았을 때 이곳에서 숙성 중인 채 남아 있는 위스키의 운명은 불투명했지만 다행히도 영국의 위스키 전문작가이자 기업가였던 마신 밀러(Marcin Miller)가 개입하며 나선 덕분에 단 한 방울도 비극적 결말을 맞지 않게 되었다. 이 싱글 캐스크(single cask, 최종적으로 병입할 때 여러 통속의 위스키를 섞지 않고 오직 한 통 속의 위스키만을 사용하는 방식) 위스키는 그야말로 수금(水金)이라 할 만하며 셰리통의 영향으로 풍부하고 진하며 드라이한 특징을 띠고 있어 늦은 밤 시간의 위스키로는 최고다.

이치로스 몰트 치치부 더 퍼스트 재패니즈 싱글몰트위스키
ICHIRO'S MALT CHICHIBU THE FIRST JAPANESE SINGLE MALT WHISKY
61.8% | 일본

일본의 위스키 업계를 이끄는 선두주자의 한 명인 아쿠토 이치로가 2008년에 세운 신흥 증류소 치치부 디스틸러리의 원숙함을 보여주는 위스키다. 공식적으로 세 살에 이르면 첫 병입되지만 그 복합성이나 균형과 마우스필은 숙성 시간을 훨씬 뛰어넘는 수준이다. 은은한 꽃 향을 비롯한 꿀, 바닐라, 과일의 풍미, 그리고 놀라울 정도로 풍부한 몰트 특유의 느낌이 서로 경쟁하듯 감각을 자극한다.

컴파스 박스 더 스파이스 트리 몰트 스카치위스키
COMPASS BOX THE SPICE TREE MALT SCOTCH WHISKY
46% | 런던/스코틀랜드

존 글레이저는 단지 온화한 성품의 마스터 블렌더가 아니라 연금술사라고 부를 만하다. 10년도 더 전에 설립된 컴파스 박스에서는 스카치위스키에서 가장 혁신적인 풍미를 선별하여 통에 사용되는 나무 타입과 디스틸러리의 개성 사이에서 완벽히 균형을 맞춤으로써 아주 독특한 블렌딩을 조합해내고 있다. 그중에서 (계피, 맛좋은 붉은색 계열의 과일, 감칠맛이 나는 황설탕이 떠오르는) 이 스파이스 트리는 블렌딩의 진가를 보여주는 하나의 예에 불과하다.

오베림 싱글몰트위스키 셰리 캐스크 머츄어드
OVEREEM SINGLE MALT WHISKY SHERRY CASK MATURED
60% | 호주 태즈메이니아 주

현재 신세계에서 제조된 위스키들이 점점 인기를 얻고 있으며, 태즈메이니아 주 소재의 아주 작은 증류소 올드 호바트(Old Hobart)의 숨은 주역인 케이시 오베림(Casey Overeem)은 업계 사람이라면 누구나 친해지고 싶어할 만한 인물이다. 이 위스키는 그가 특히 주력하는 제품으로 셰리통에서 최대 7년간 숙성되며 건포도, 대추야자, 말린 자두의 풍미에 더불어 나무 특유의 향, 졸인 브램리 애플(Bramley apple)과 은은히 남는 스모키 풍미를 띤다.

베인스 케이프 마운틴 위스키
BAIN'S CAPE MOUNTAIN WHISKY
43% | 남아프리카 공화국

그 절경으로 겸외감을 불러일으키는 계곡 샛길이 베인스 클루프 패스(Bain's Kloof Pass)의 개척자인 도로 건설 엔지니어 앤드류 게데스 밴(Andrew Geddes Ban)의 이름을 딴 이 그레인위스키는 웰링턴(Wellington)에 위치한 제임스 세지윅 디스틸러리(James Sedgwick Distillery)에서 증류된 것으로서 기분 좋은 흥취와 바닐라 커스터드 크림을 머금은 듯한 환희를 선사하며 흡족감을 준다. 연속식 증류기로 증류되어 미국산 오크통에 담겼다가 5년 후에 병입되며 싱싱하고 싱그러우며 활기찬 느낌을 준다. 마지팬(아몬드와 설탕, 달걀을 이겨 만든 과자), 설탕 입힌 아몬드, 잘 익은 천도 복숭아가 연상되는, 굉장히 유쾌한 풍미다!

발콘스 텍사스 싱글몰트위스키
BALCONES TEXAS SINGLE MALT WHISKY
53% | 미국 텍사스 주 웨이코

발콘스 디스틸러리는 미국에서 급성장 중인 크래프트 증류의 트렌드 속에서 유독 두드러지는 보석 같은 존재다. 이 위스키는 발콘스 디스틸러리 소유주인 칩 테이트가 처음으로 시도한 싱글몰트위스키로서 출시 후 대성공을 거두었다. 가벼운 과수원 과일의 향에 살구, 졸인 배, 자두, 바닐라 풍미가 더해지고 여기에 살짝 디저트 와인의 느낌까지 감돌면서 입안에 강렬한 인상을 준다. 또 물을 섞으면 그 아로마가 더욱 강렬해지면서 말린 살구, 잘게 썬 청사과 조각, 밀크 초콜릿, 그리고 은은한 구운 오크 향이 더해진다.

프랑스 브랜디
FRENCH BRANDY

이름

브랜디(Brandy). 스피릿을 뜻하는 네덜란드어 '브란데바인(brandewijn)'에서 유래된 명칭으로 추정되며 이 명칭의 사용은 12세기까지 거슬러 올라가지만, 브랜디 자체의 기원은 증류 기술의 탄생 시기까지 거슬러 올라갈 가능성도 있음.

기원

과일과 포도의 종류 역사가 너무 불분명하기 때문에 단정하기 어렵지만, 브랜디 제조는 중앙 유럽 전역에서 널리 이루어져옴.

색

일부 과일 브랜디와 그 외의 오드비의 맑고 투명한 빛깔부터 오크 숙성된 XO 코냑과 아르마냑의 구릿빛까지 다양함.

주요 제조국

프랑스 전역에서 브랜디와 오드비가 제조되지만, 가스코뉴 지방산의 코냑이나 아르마냑, 그리고 남부 노르망디 지방산의 칼바도스가 주요 브랜드로 꼽힘.

최대 판매 브랜드

헤네시, 쿠르부아지에, 레미 마르탱, 마르텔, 쟈노, 페르 마글루아르, 메탁사, 맥도웰스, 드레어.

주원료

프랑스의 브랜디는 칼바도스 같은 과일 브랜디를 제외하고, 와인과 증류하여 제조함. 와인의 제조 과정에서 찌꺼기로 남은 껍질과 씨를 원료로 쓰는 브랜디도 있음.

스피릿계의 여신

스피릿이라는 우주에서 브랜디는 그저 행성 하나가 아니라 태양계 전체에 더 가깝다. 사실, 그 높은 인기만 감안하더라도 당연한 얘기겠지만 이 스피릿의 종류를 하나하나 다 설명하려면 다른 스피릿에 비해 할애되는 지면이 두 배는 거뜬히 넘을 것이다. 그래서 우리는 명확성과 간결함, 그리고 우리의 간 건강을 위해 이번 챕터에서는 프랑스 브랜디 가운데 가장 유명한 종류 몇 가지에만 초점을 맞추며 이런 브랜디들이 서로 어떤 차이점이 있고 어떠한 이유로 수 백 년 동안 한결같이 사랑받아 왔는지 말하고자 한다. 다만, 엄밀히 말하자면 브랜디에 해당되는 그라파(grappa)나 피스코(pisco) 같은 스피릿의 경우엔 너무도 풍성한 유산을 자랑하는 만큼 끄트머리에 덧붙이듯 소개하고 넘어간다면 모욕적인 취급이 될듯하여 '세계의 브랜디' 챕터에서 별도로 다루었다.

전문가가 아닌 일반인의 관점에서 정의하자면, 브랜디란 포도, 또는 대다수 경우에 그렇듯 특정 과일을 베이스 원료로 사용하는 스피릿이 모두 해당되며, 베이스 원료에 따라 독자적 개성과 풍미가 부여된다. 한편 브랜디는 프랑스, 남아프리카 공화국, 남미, 유럽의 여러 국가들을 비롯해 전 세계의 여러 곳에서 수많은 모습으로 변장하고 있다. 다시 말해, 오크 영향이 느껴지는 묵직하고 잘 숙성된 버전에서부터 싱싱하고 수정처럼 맑고 투명한 빛깔의 숙성되지 않은 버전에 이르기까지 여러 모습으로 설계되어 증류에 사용된 원료의 정기(精氣)와 더불어 제조자 특유의 문화와 유산을 부각시키고 있다.

그 결과 브랜디는 특유의 풍미 프로필, 전형적 서빙법, 제조 과정의 규칙 체계를 똑부러지게 분류할 수가 없다. 또한 수백 년에 걸쳐 전성기를 누리며 세계적으로 승승장구해 왔다는 사실은 브랜디가 그만큼 음미 지역에 따라 뛰어난 유연성을 발휘하고 있다는 의미이기도 하다.

브랜디의 시초

↓

브랜디의 출생지를 정확히 짚어내기는 힘들다. 다만 거의 확실한 점이라면, 와인과 증류가 존재했던 곳에 불완전한 형태로나마 최초의 브랜디와 유사한 스피릿이 존재했을 것이라는 정도다. 고대 그리스인들이 대체로 아침 식사 때 물을 약간 타서 마시는 등 와인을 즐겼던 점으로 미루어 추정컨대 와인이 증류된 시기는 빠르면 기원전 1000년쯤이며 주로 약제용으로 증류되었을 것이다. 그 뒤에 7세기와 8세기에도 와인을 비롯한 그 외의 과일 추출액이 아랍의 연금술사들에 의해 증류되어 치료약으로 만들어졌으나 이 스피릿이 사실상 음주 목적으로 만들어졌는지에 대해서는 명확한 증거가 없어 알 수 없다. 하지만 대체로 유럽의 수도원을 통해 증류 과정에 대한 지식이 전파되면서 포도나 과일 베이스의 스피릿에 대한 이해와 음미의 폭이 더욱 넓어진 듯하며, 특히 뛰어난 품종의 포도를 재배하기에 이상적인 토양과 기후를 지니고 있던 프랑스 중서부 지역이 더욱 그랬을 것이다. 기록에 따르면 프랑스의 수도원에서 와인이 증류된 것은 빠르면 1250년이었다. (바로 이 기록에서 '오드비(eau-de-vie)'라는 명칭이 처음 사용되었다.) 이는 해협 너머의 영국과 아일랜드에서 맥주를 증류시켜 최초의 위스키를 만들기 훨씬 전의 일이었다.

16세기에 들어와 영국과 네덜란드의 와인 상인들이 와인을 수출입하기 시작했고 이때 이들은 높은 관세를 피하고 배에 실리는 화물의 부피를 덜기 위해 각 통에 담기는 술의 양을 줄이자는 아이디어를 내놓았다. 그래서 와인을 끓여 수부 함량을 효과적으로 줄인 뒤에 와인이 최종 목적지에 도착하면 그만큼의 물을 채워 넣는 방식을 썼다. '브랜디'라는 명칭은 건강에 아주 해로운 이런 관행을 보며 네덜란드인들이 만들어낸 신조어 'brandwijn', 즉 '불에 태운 와인'에서 유래되었을 것으로 짐작된다.

프랑스의 브랜디

프랑스 서남부에 위치한 코냑 지방은 계단식 농지에서 포도나무를 재배하기에 완벽한 조건을 갖추고 있다. 더욱이 와인 거래에서 중요한 수로가 되었던 샤랑트(Charente) 강을 끼고 자리 잡은 덕분에 대서양, 즉 유럽 전역과 연결된 무역로가 가까웠다. 프랑스 와인의 인기와 더불어 브랜디 코냑이 등장하게 되었는데, 처음 코냑이 증류된 것은 1450년경일 가능성이 높지만 증류업자들이 그 지역에서 만들어진 와인으로 스피릿을 만드는 제조법을 정교하게 다듬을 만큼 숙련된 것은 17세기에 이르러서였다.

17세기 이후부터 2회 증류를 거쳐 코냑을 제작하기 시작하였다. 먼저 스코틀랜드에서 사용되는 구리 단식 증류기와 비슷하지만 크기는 훨씬 작은 알렘빅 증류기에 와인을 넣어 증류시킨 후에 이 1차 증류된 스피릿을 다시 한 번 재증류한다. 이를 통해 더 높은 알코올함량의 순수한 스피릿을 제작하기 시작한 것이다.

전해오는 이야기에 따르면 어느 날 저녁, 한 유명한 브랜디 생산자가 무서운 꿈을 꿨다고 한다. 악마가 그의 영혼을 뽑아내려고 그를 두 번 삶으려 하는 무서운 꿈이었다. 잠에서 깬 후 그는 가슴을 진정시키기 위해 독한 브랜디 한 잔이 필요하기도 했겠지만 그보다 먼저 뭔가가 퍼뜩 떠올랐다. 브랜디를 두 번 증류시켜서 그 영혼을 뽑아내보자는 생각이었다.

또한 코냑이 배에 실려 오랜 시간 운송되면서 보관을 위해 사용된 오크통 안에서 숙성되기 시작했고, 프랑스인들은 스코틀랜드인들이 그랬듯 자신들의 국민 스피릿에 나무가 어떤 영향을 미치는지를 우연히 발견하면서 자신들이 얼마나 섬세하고 균형 잡힌 스피릿을 빚어냈는지 깨닫기 시작했다.

현재 코냑 산업은 거대 기업의 사업으로 자리 잡았다. 한때는 가족 단위로 운영되던 보잘 것 없던 브랜디들이 이제는 세계적 파워 브랜드가 되어 연간 수백만 리터에 달하는 코냑을 생산하고 있다. 하지만 코냑 지역 전역에는 여전히 단일 농장의 와인을 선별해 사용하는 싱글 에스테이트(single estate)식의 증류소가 많이 남아 있으며, 소규모 토지 소유자, 농부, 증류업자들이 아주 한정된 양의 코냑을 제조하고 있는데 아쉽게도 이런 코냑은 코냑 지역 이외에서는 좀처럼 보기 힘들다.

한 가지 제대로 알고 넘어갈 부분이 있다. 프랑스 인들은 자국의 와인과 스피릿의 유산을 보호하고 보강하는 분야에 비상한 재능을 가지고 있다. 1909년 코냑 지역은 이른바 '경계' 지역(코냑 생산을 위한 지리학적 지역의 구분)이 되었다. 즉, 상파뉴 지역에서 생산되는 스파클링 와인인 샴페인이 그렇듯 코냑 지역에서 생산된 브랜디만

이 법적으로 코냑이라는 명칭을 붙일 수 있도록 하였다. 사실, 코냑이 이렇게 명주로 인정받게 된 것은 코냑 지역이 독특한 품질 등급의 생산지, 즉 크뤼(cru)로 여겨져온 덥부이었다. 다시 말해 그 지역의 토양과 포도나무가 탁월하여, 그 포도로 제조된 코냑이 특유의 풍미 프로필을 띠게 되는 탓이다. 멕시코에서 테킬라와 메즈칼의 원료로 사용되는 아가베에 대해 코냑 지역과 비슷한 테루아 효과를 누리고 있는 것과 마찬가지다.

먼저 와인을 구리 소재의 알렘빅 증류기에 넣고 2차까지 증류시켜 8-9%였던 알코올함량을 68-72%까지 높인다. 그리고 이 스피릿은 오크통으로 옮겨져 나무와의 상호작용을 통해 숙성되면서 독특한 풍미를 지니게 된다. 때문에 어떤 종류의 오크통을 사용하느냐가 매우 중요하다. 프랑스의 트롱세(Tronçais) 삼림지대에서 자라는, 나뭇결이 촘촘한 세실 오크(sessile oak)로 만들어진 통은 향기 그윽하면서 타닌 영향이 적은 풍미를 부여해주는 반면, 나뭇결이 더 성긴 리무진(Limousin)산 떡갈나무나 영국산 오크 나무의 경우엔 스피릿이 숙성통의 통널에 더 깊이 스며들면서 더 드라이하고 더 오키(oaky)한 풍미로 우려진다. 법에 따라 코냑은 2년 이상 오크통에서 숙성시켜야 한다.

코냑은 오래 숙성시키면 과일, 꽃, 바닐라 향이 두드러지면서 건과일, 향신료의 풍미가 느껴지고 살짝 드라이해진다. 증류업자가 판단하기에, 이제는 나무가 스피릿에 달갑지 않은 영향을 미칠 것 같은 시점이 되면 그 스피릿은 선잠에 빠져있던 오크통에서 데미존(demi-johns) 병들로 옮겨져서 공식 승인을 얻기 전까지 그대로 담겨있게 된다.

코냑 제조의 전 과정을 총괄하는 최고책임자인 셀러 마스터에게는 오드키(와인을 증류한 원액)의 특정 빈티지와 스타일을 선별해 독특한 블렌딩을 조합하는 것이 훌륭한 코냑을 탄생시키는 원동력이며 오래 숙성된 비교적 고가의 코냑들 가운데는 최대 40-50가지의 코냑이 블렌딩된 것들도 있다.

코냑은 수백 년에 걸쳐 프랑스의 다른 증류주 형제들보다 더 높은 세계적 인기를 누려왔다.

코냑의 생산지

1. 샹파뉴

최우수의 고품질로 꼽히면서 가장 많은 인기를 끌고 있는 포도의 산지는, 코냑 지역에 가장 인접한 재배지에 속하는 그랑 샹파뉴(Grande Champagne)와 프티 샹파뉴(Petite Champagne) 지역이다. 샴페인이라는 명칭이 유래된 샹파뉴 지역의 백악질 토양은 증류액에 강건하고 복합적인 풍미를 부여해주며 오크통에서 숙성이 잘 이루어지도록 해준다.

2. 보르드리, 팽 부아

보르드리(Borderies)와 팽 부아(Fin Bois)는 코냑의 중심지에서 약간 벗어나 있는 지역으로서 서로 다른 풍미의 코냑을 선보이고 있다. 보르드리가 꽃과 과일의 섬세한 풍미가 인상적이라면 팽 부아는 더 부드러운 과일 풍미를 특징으로 한다. 이 두 지역은 최우수 코냑이 갖추어야 할 어떤 미묘한 요소는 부족할지 몰라도, 대체로 뛰어난 포도를 원료로 훌륭한 코냑을 빚어내고 있다.

3. 봉 부아, 부아 오르디네르

프랑스 서부 해안과 인접한 봉 부아(Bon Bois)와 부아 오르디네르(Bois Ordinaire)에서 재배되는 포도로 빚어지는 코냑은 훨씬 가벼운 스타일로서, 숙성이 잘 된다. 다른 생산지에 비해 복합적 깊이감이 부족한 편이다.

코냑 제조에 사용하는 포도의 품종

포도 품종 자체는 최종 코냑의 전반적 풍미에 영향을 미치는 또 하나의 중요한 요소다. 그래서 코냑 지역에서 생산되는 코냑의 대다수는 법에 따라 세 가지 품종으로 빚어진다. 이세 품종은 와인으로 빚어 놓으면 신맛이 강하고 (약 8-9%로) 알코올함량이 낮은 탓에 미각에 별 감응을 주지 못하고, 그래서 프랑스식 레스토랑의 메뉴판에서도 그 이름을 보기는 힘들 것이다. 하지만 일단 증류를 시키면 진정한 잠재성을 드러낸다.

1. 위니 블랑(UGNI BLANC)
코냑의 제조에 많이 이용되는 인기 품종이며 강렬한 풍미를 우려 줄 뿐만 아니라 숙성 잠재력이 아주 뛰어나다.

2. 폴 블랑슈(FOLLE BLANCHE)
발레 댄서에 비유될 만한 품종이다. 섬세하고 까다로워 재배하기가 어렵지만 맛을 보고 나면 그 놀랍도록 섬세한 꽃향기에 깊은 인상을 받게 된다.

3. 콜롱바(COLOMBARD)
가볍고 신맛이 나는 포도 품종으로, 폴 블랑슈나 위니 블랑에 비해 인기도가 낮지만 블렌딩 증류액을 잘 결합시키는(블렌딩하는) 데 아주 유용하다. 폴 블랑슈나 콜롱바 모두 위니 블랑에 비해 와인으로 생산되는 양이 적은 탓에 코냑 생산자들에게는 중요도에 있어 좀 밀리는 편이다.

코냑의 등급

코냑의 병 라벨을 보면 코냑의 숙성, 품질, 스타일을 구분하는 중요한 용어와 약칭이 머리 아프게 찍혀 있다. 1865년에 코냑에 등급 체계를 처음 도입시킨 것은 인기 브랜드 헤네시의 창립자 후손인 모리스 헤네시(Maurice Hennessy)였다. 별점을 사용해 숙성 기간을 표시하는 식의 등급 체계였다. 그러다 BNIC(Bureau National Interprofessionnel du Cognac, 코냑사무국)에서 이런 단순한 등급 체계를 더욱 확장시켜 일련의 약칭을 첨가했다. 흥미롭게도 코냑이 분명히 프랑스 술인데도 불구하고 상당수의 약칭이 영어인데, 그 주된 원인은 코냑 수출업자 대다수가 고국인 영국의 열광적 시장에 코냑을 공급하던 영국인이었기 때문이다.

VS : 'Very Special'의 약어. 가장 어린 코냑에 해당되며 오크통에서
최소한 2년간 숙성시켜야 함.

VSOP : 'Very Superior Old Pale'의 약어. 최소한 4년간 숙성된 오드비가
블렌딩되어야 하지만 보통은 평균 숙성 기간이 4년을 훌쩍 넘는다.

XO : 'Extra Old'의 약어. 가장 어린 오드비의 숙성 기간이 최소 6년이지만 대체로
이 등급의 코냑은 20년 이상의 더 오래된 오드비가 블렌딩되는 경우가 많다.

나폴레옹(Napoleon) : 대체로 XO와 VSOP의 중간 정도에 해당되는 등급.

뷔에 레제르브(Vielle Réserve, 'Old Reserve')나 오르 다주(Hors d'Age, 'Beyond Age') 같은
그 외의 명칭은 대개 XO 등급을 넘어서는 비범한 숙성 기간과 품질을 갖춘 코냑을 가리킨다.

에릭 포제(Eric Forget)
프랑스 자르낙, 하인 코냑(HINE COGNAC)의 셀러 마스터

하인 코냑은 샤랑트 강기슭에 자리 잡은 조용한 마을 자르낙에서 250년이 넘도록 코냑을 제조해왔다. 도싯(Doset) 출신의 영국인 토머스 하인(Thomas Hine)이 창립한 이 회사는 다른 코냑 하우스와는 달리 여전히 잉글랜드 남서부의 항구도시 브리스틀과 독특한 관계를 맺고 있어서, 일정 분량을 그곳에서 숙성시키며 말 그대로 여행 경험이 풍부한 코냑을 만들고 있다.

더 폭넓은 아로마와 풍미를 선사할 수 있는 것, 그러니까 하나의 독특한 배치에서 얻어진 쿠냑보다 더 풍부한 블렌딩입니다. 다양한 코냑 원액을 더 많이 사용할수록 더욱 복합적인 블렌딩이 됩니다.

19세기의 역사적 풍습을 이어가고 싶어서였습니다. 통째로 브리스틀에 실려온 뒤에 판매되었던 그 풍습 말입니다. 저희는 그런 풍습을 이어감으로써 전통을 지키는 동시에, 자르낙과는 완전히 다른, 더 습하고 서늘하지만 변동이 적은 영국의 숙성 환경을 통해 독특하고 아주 색다른 풍미를 더하고 있죠. 다시 말해, 통의 영향이 훨씬 적은 덕분에 후각에 더 풍부한 인상을 선사하면서도 여전히 싱싱함과 꽃향기가 살아 있는 코냑이 만들어지고 있는 겁니다.

빈티지 쿠냑의 음미 요령은 뛰어난 와인을 음미할 때와 똑같습니다. 와인이 그렇듯 코냑의 빈티지도 증류법과는 별개로 기후가 도와주지 않으면 안 되는 요소죠. 코냑의 풍미를 표현할 때도 와인 시음에 사용하는 표현을 써야 합니다. 코냑을 음미할 때는 와인을 마실 때보다 더 적은 양을 입안에 머금으면서 바디, 풍미의 지속 시간, 달콤함, 부드러운 질감의 정도를 느껴보고 거칠고 쓴맛이 없는지 확인해보면 됩니다. 그런 다음 그 코냑이 빚어졌을 때의 날씨가 어땠을지를 상상해보는 거죠.

제 모든 감각을 동원해서 맛을 음미하고 블렌딩 조합을 하는 일이죠!

섬세함, 복합성, 꽃향기요.

자신 있게 말하지만, 이 챕터를 읽기 전에 프랑스에서 가장 사랑받는 브랜디를 꼽으라고 물었다면 독자 여러분은 코냑이라고 대답했을 것이다. 하지만 혹시 알고 있는가? 프랑스 브랜디의 최고참 베테랑인 이 코냑이 사실은 프랑스의 또 하나의 일급비밀 브랜디 아르마냑보다 나중에 탄생되었다는 사실을.

아르마냑은 코냑과 마찬가지로 그 역사가 프랑스 남서부 지방의 테루아에 크게 영향을 받아왔다. 아르마냑이 코냑의 그늘에 가려지게 된 이유는 단지 아르마냑이 아직 프랑스 이외의 지역에서 탄탄한 기반을 다지지 못했기 때문이다. 이 두 브랜디 모두 프랑스 남서부 지방에서 제조되지만 둘 사이에는 유사점이 거의 없다. 아이리시 위스키와 스카치위스키가 서로 다른 개성을 지닌 것처럼 말이다.

코냑은 서로 다른 숙성 시간과 와인메이커에서 비롯되는 풍미들을 조합하는 연금술, 즉 블렌딩의 기술을 수용하는 반면, 아르마냑은 훨씬 소규모인 방법을 택해 그것을 생산하는 사람들만이 아니라 그것이 뿌리내린 지역에 대한 개성까지 담아낸다.

아르마냑은 코냑이 탄생하기 최소 150년 전에 프랑스에 자리를 잡았고 특히 프란체스코 수도회 신학자 비탈 뒤 푸르(Vital du Four)가 1310년에 쓴 〈아르마냑의 40가지 장점(40 Virtues of Armagnac)〉이라는 글에서는 아르마냑의 마법적 특징과 약효적 특징에 대해 넌지시 언급하기도 했다.

아르마냑 역시 스피릿에 견고한 중심을 잡아주는 품종인 위니 블랑과 섬세하고 까다로운 편인 폴 블랑슈를 주로 사용한다. 하지만 코냑과 달리 바코(Baco) 품종도 사용하는데, 19세기 말에 이 지역에 처음 보급된 바코는 현재 아르마냑에 복합적 풍미가 느껴지도록 해주는 데 큰 역할을 담당하고 있다. 또한 이 바코는 테이블 와인으로는 별로지만 스피릿으로 만들어지면, 특히 숙성을 거치면 결코 뒤지지 않는 풍미를 선보인다.

지역별 차이
↓

가스코뉴 지방에 속하는 아르마냑은 코냑의 남쪽으로 259km쯤의 거리에 위치하며 세 곳의 중요한 지역으로 구분되는데 이 세 지역은 코냑의 크뤼급 생산지들과 마찬가지로 고유의 특징을 결정하는 데 한몫하며, 대다수의 경우에 기호에 잘 맞을지 선호도를 판단하는 데도 유용한 기준이 된다. 이 지역의 포도나무는 피레네 산맥에서 불어오는 찬바람을 버티느라 겨울에도 휴면기에 들어가지 않고 부지런히 활동해야 한다. 또한 테루아의 특성상 아르마냑은 코냑보다 생산지별 개성이 더 뚜렷하고 독특하다. 그런 이유로 아르마냑은 그 뿌리를 표시한다. 즉, 생산지별 토양의 종류에 따라 아주 다른 결과가 나타나기 때문에 생산자들은 아르마냑의 산지를 자랑스럽게 표기한다.

아르마냑의 세 지역 가운데 바-아르마냑(Bas-Armagnac)은 아르마냑의 품질이 가장 뛰어난 곳으로서 아르마냑 지역에서 생산되는 아르마냑의 57% 가량을 점유하고 있다. 그 뒤를 이어 생산량이 많은 곳은 테라네즈(Tenareze)인데 백악질 토양과 흙 특유의 기운찬 풍미로 유명하다. 나머지 한 지역인 오-아르마냑(Haut-Armagnac)에서는 생산량이 소량에 불과하며, 토지 구조상으론 협공 작전을 펼치듯 다른 두 지역을 에워싸고 있으나 와이너리의 수는 매우 적다.

아르마냑이 코냑과 다른 점은?

아르마냑은 스피릿 세계에서 명주의 대표로 꼽힐 만하다. 코냑도 아르마냑과 공통점이 많다는 점을 감안한다면, 이런 결과는 어떤 차이에서 비롯되는 것일까? 가장 큰 차이는 소규모 제조법이라는 특징에서 기인한다. 일관성, 자동화, 진보를 우러르는 오늘날의 세상에서 아르마냑은 시대에 뒤진 구식의 장인적 삶의 방식을 단호히 받들고 있다.

아르마냑은 증류법이 코냑과는 다르며 사용되는 증류기도 쥘 베른의 소설 속에서 튀어나온 듯한 모양이다. 또 이런 증류기의 대다수는 아궁이에 나무를 태워 작동시키는데, 이 아궁이에는 쓸모없어진 포도나무 받침용 말뚝을 집어넣어 손으로 직접 불을 붙인다. 때로는 증류업자가 피우던 시가 꽁초를 던져 넣어 불을 붙이기도 해서 사고가 나지 않도록 잘 살펴야 한다.

아르마냑의 제조에 사용되는 증류기는 전통적인 연속식 타입으로 여러 개의 구리판으로 조립되어 있는데, 와인이 이 구리판 사이로 서서히 스며들면서 알코올함량이 55% 정도에 이르면 웜텁(worm tub)이라는 고전적인 나선형 응축기를 통해 응축시킨다. 이런 단일 증류 방식을 통해 와인의 강한 풍미를 더 많이 보유하며, 이는 코냑이 단식 증류기 방식과 대비된다. 법에 따라 11월-3월 사이에 이루어지는 증류 시기 중에는 몇몇 소규모 와이너리에 증류업자가 구리 못 박힌 이 구식스러운 괴물을 트랙터 뒤에 끌고 찾아오기도 한다. 와인이 증류업자에게 실려가는 것이 아니라 증류업자가 증류기를 가지고 이동하는, 정말 특이하고 색다른 풍경이다.

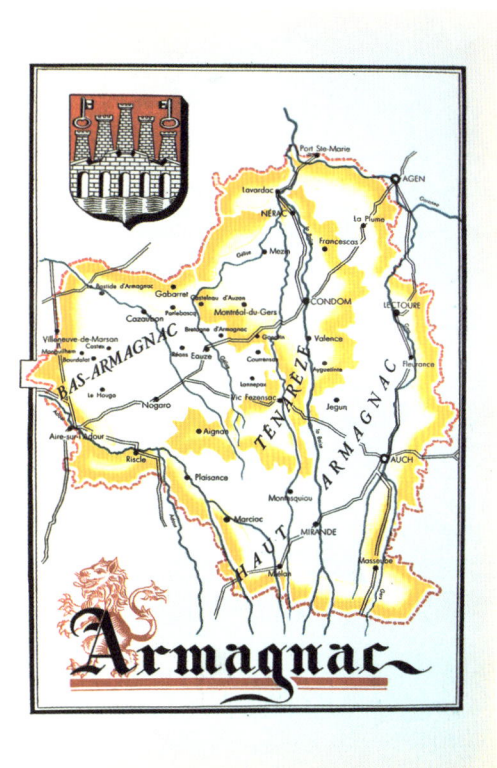

아르마냑 지역은 생산지가 세 곳으로 나뉘며,
바-아르마냑에서 생산되는 아르마냑이 가장 인기가 많다.

아르마냑은 그 제조의 특성상 지역성이 뚜렷하기 때문에 지역에 따라 스타일이 확연히 다른 스코틀랜드의 싱글몰트위스키에 비길 만하다. 예를 들어 같은 스코틀랜드 위스키여도 아일레이 위스키의 강건하고 스모키한 풍미는 클래식한 스페이사이드 위스키에서 느껴지는 풍미와는 전혀 다르다. 생산지별 스타일 차이에 더해, 영세 소규모 생산자들이 아주 많다는 점 또한 다양한 풍미를 끌어내는 요소다. 일부 생산자는 매년 소량의 통에 채워질 만한 분량만을 제조하고 있다.

테나레즈와 바-아르마냑의 오래된 빈티지 아르마냑은 더러 묵직한 풀바디에 흙 특유의 풍미가 느껴지고 타닌 맛이 강하기도 하다. 또한 '랑시오(rancio, 알코올함량이 높고 오래 묵은 스페인의 카탈로니아 지방의 와인 또는 풍미가 조화로운 오래된 브랜디에서 느껴지는 고유의 향) 같은 특징이 두드러져서, 셰리통에서 숙성된 복합적인 풍미의 싱글몰트위스키에서 흔히 느껴지는 아주 뛰어난 풍미인, 감칠맛을 띠기도 한다.

반면에 어린 아르마냑은 코냑과 좀 더 비슷한 특성을 띠어서, 가벼운 무게감에 과일 풍미가 더 강하고 복합적 아로마와 풍미는 더 적으며 바닐라 향, 신선한 과일, 은은한 나무 풍미가 느껴진다.

한편 최근에는, 꾸밈없는 스피릿이라고 표현 될만한 완전히 새로운 부문의 아르마냑이 선보여졌다. 증류기에서 나와 바로 병에 담기는 비숙성 아르마냑으로, 무색투명하며 아주 싱싱하고 생기 있는 풍미 프로필을 담고 있다. 또한 입안에 깔끔하고 상쾌함을 선사하며 과일 향이 강하다. 롱드링크로 즐기기에도 제격이다. 긴 여름을 나른하게 보내는 프랑스 농촌 지방의 전통을 칭송하며 즐기기에 이상적이다.

오래전의 아르마냑 광고 포스터. 왕처럼 보이는 남자가 말을 타고 가면서 아르마냑을 마시고 있다.

다르티갈롱그 바-아르마냑 에스테이트
(Dartigalongue Bas-Armagnac Estate)에 보관 중인
아르마냑으로, 제조 시기가 1829년까지 거슬러 올라가며
세계에서 가장 오래된 아르마냑으로 꼽힘.

마크 다로즈(Marc Darroze)
다로즈 아르마냑(DARROZE ARMAGNAC), 바-아르마냑 로크포르

재미있게도 마크 다로즈(Marc Darroze)사진의 왼쪽는 우리가 인터뷰한 또 한 명의 크래프트
조주가인 델 마게이 메즈칼의 론 쿠퍼와 친척 관계다. 두 사람 모두 스피릿 제조에서 독특
함을 강조함으로써 각자의 업계 풍토에 변화를 몰고 왔다.

저희가 좋은 아르마냑의 원료를 구하는 방법은 사실상 두 가지입니다. 먼저 아주 안정적이고 일관성이 있는 생산자들과 오랫동안 관계를 유지하면서 매년 그들의 에스테이트(농장)에서 와인을 증류하는 방법입니다. 일종의 클럽을 만들어놓고 트레이닝 프로그램을 운영하기도 합니다. 이를테면 아르마냑 지역 외의 다른 업체들을 방문하는 등의 프로그램들이 있지요. 이렇게 클럽을 만든 의도는 아르마냑의 품질을 지키고 향상시키는 일이 얼마나 중요한지를 생산자들에게 알려주려는 것인데, 모두들 저희와 함께하게 된 것을 아주 자랑스러워합니다. 하지만 때때로 '현장' 구매도 하는데, 대개 오래전부터 독자적 설비에서 증류와 숙성 작업을 해온 생산자들이나, 부모님이나 조부모님을 이어 아르마냑을 제조하는 더 젊은 세대의 생산자들에게 구매를 하죠.

둘 다 아주 중요하다고 생각합니다. 저희 지역은 토양의 종류가 아주 다르고 포도 품종도 다양한데다, 증류법도 서로 독특하고 오크통도 여러 가지여서 아르마냑 생산자들로선 독자성과 개성이 강한 브랜디를 제조할 수 있는 여건이 좋습니다. 저희는 이런 점에 집중해서 모든 선택을 결정합니다. 모래가 많은 토양에서 재배되는 바코 품종을 사용하여 도수 53%로 일회 증류한 뒤에 전통적인 아르마냑 통에서 숙성시켜 독특한 아르마냑을 제조하는 식입니다. 병입 시기 또한 브랜디의 독자적인 특징이 지켜질 만한 시기에 맞춰서 선택합니다.

정말 어려운 질문이네요. 저는 아버지에게 저희 지역과 저희의 스피릿에 대한 열정을 물려받았습니다. 특별한 철학에 따라 세워진 회사도 물려받았죠. 저희는, 프랑스식 표현대로 말하자면 장인입니다. 제 목표는 이런 장인의 이미지를 이어가는 동시에 현대적이고 진보적인 태도를 갖는 것입니다. 물론 저희 지역의 역사와 아르마냑에서 일하는 모든 사람들을 존중하는 태도도 가져야겠지요.

다양성, 존경심, 즐거움이요.

프랑스 전체를 치즈, 프랑스식 고기 파이인 파테, 아쟁 프룬, 그리고 당연히 뛰어난 와인과 코냑과 아르마냑으로 구성된 군침 돌도록 맛있는 지도라고 가정한다면, 노르망디 지역의 경우는 특히 사과와 인연이 깊은 곳이다. 노르망디에서는 17세기 이후로 쭉 뛰어난 사과주를 빚어왔고, 그와 더불어 프랑스의 또 하나의 걸출한 브랜디인 칼바도스도 제조되었다.

노르망디에서 특히 유명한 생산지역은 페이 도주(Pays d'Auge)로서, 이곳은 코냑 지방의 그랑 상파뉴 지역 못지않게 중요하게 여겨진다. 페이 도주의 증류업자들은 달콤쌉쌀한 사과에서부터 시큼한 사과에 이르기까지 200종 이상의 사과 품종을 이용해 매년 일관성 있는 풍미의 블렌드(혼합물)를 만들어내고 있다. 칼바도스가 아주 독특한 스피릿으로 자리매김하게 된 배경에는 사과주와의 특별한 인연이 있다. 페이 도주 지역에서는 사과주를 최소 6주간 발효시켜서 생기 있고 톡 쏘면서도 과일 풍미가 강한 특징의 사과주를 만드는데, 최상급 수준의 칼바도스 생산자들이 바로 이 사과주를 숙성시켜서 사과의 다양한 풍미를 더욱 더 강하게 살려준다.

코냑과 마찬가지로 최상급 칼바도스는 2회 증류된다. 증류기도 코냑과 비슷한 알렘빅 스타일의 구리 증류기를 사용하며, 2년 동안 오크통에서 숙성시킨다. 새 오크통은 살짝 불에 그을리며 이 안에 담겨진 스피릿은 3개월 동안 새 오크통의 나무에서 천연의 바닐린(바닐라 향의 성분)과 타닌을 듬뿍 흡수하게 되는데, 이 두 성분은 너무 오랫동안 우려지도록 놔두면 그다지 바람직하지 못한 특성으로 바뀔 수도 있다. 그래서 숙성도가 빠른 편인 칼바도스는 오크의 영향력이 더 약한 오래된 통으로 옮겨진다.

칼바도스는 2년의 숙성 후에도 여전히 활기차고 상쾌하며, 깔끔한 과일 풍미가 풍부하다. 이렇게 어린 칼바도스는 화끈한 진저 비어와 함께 섞으면 롱드링크로 제격이지만 2년을 지나 좀 더 숙성시키면 그야말로 절정기에 들어선다. 5-6년 후에는 크리미한 질감이 더욱 살아나고 자극적이고 시큼한 사과 풍미가 부드러워지며, 15-20년 이상이 지나면 타르트 타탱(tarte tatin, 설탕과 버터를 넣고 사과를 넣어 굽는 프랑스식 사과 파이)을 맛보는 듯한 신세계를 선사한다. 즉, 오크통의 나무로부터 우러난 기분 좋은 향신료 향과 더불어 버터를 발라 익힌 사과의 향, 풍부한 바닐라 깍지 향이 느껴지는가 하면 입안에서는 진하고 매끄러우면서도 묵직한 질감이 느껴진다.

      노르망디 지방은 라 뽐므(la pomme, 사과)의 칭송과 더불어 그 사촌 관계인 '라 푸아르(la poire), 즉 배에도 법적 자격을 부여해 남서쪽으로 조금 떨어진 지역 돔프롱테(Domfrontais)에서는 배주/사과주의 혼합액을 최소 30% 사용해서 빚은 칼바도스를 증류시키고 있다. 주로 연속식 증류기에서 한 번 증류되어 더 깔끔하고 풍미가 옅은 스피릿이 되는데 그만큼 숙성의 잠재성이 더 빨리 발휘되지만 복합적인 농도에서는 페이 도주의 칼바도스보다 떨어질 수도 있다.

      아르마냑과 마찬가지로 칼바도스 역시 코냑에 비해 세계적 인지도는 낮지만, 정말로 뛰어난 제품이 많아서 더 높은 인정을 받을 만하다.

맛좋은 프랑스 농촌의 브랜디 이야기를 다루면서, 코냑이나 아르마냑과는 제주벅이 전혀 다른 또 다른 포도 브랜디 얘기를 빼놓는다면 섭섭할 듯하다. 퍼미스(pomace), 즉 수확한 포도에서 쓰고 남은 껍질과 씨를 원료로 쓰는 브랜디 마르(marc)의 얘기다. 마르는 프랑스 이외의 지역에서는 좀처럼 보기 힘들지만 부르고뉴, 상파뉴, 알자스 지역에서 인기를 끌고 있다. 이 지역에서는 피노 누아, 샤르도네, 게뷔르츠트라미너로 와인을 빚고 남은 찌꺼기를 증류시키고, 또 더러는 숙성까지 시켜서 그라파와 비슷한 상쾌한 브랜디 마르를 만드는데 그 풍미 프로필은 포도 품종에 따라 크게 좌우된다.

브랜디를 즐기는 최고의 방법

프랑스의 브랜디는 뛰어난 종류가 아주 많아서 거의 250년에 걸쳐 클래식 주류에서 중심적 위상을 차지해왔을 뿐만 아니라, 시가나 저온 살균되지 않은 전지(全脂) 치즈를 비롯해 우리 몸에 좋지 않을 수도 있는 그 외의 별미와 함께 홀짝홀짝 소비되어 왔다.

브랜디의 전통적 이미지에는 본질적으로 나쁜 부분이 없지만, 그래도 신세대 애주가들에게 호감을 얻으려면 뭔가 새로운 시도가 필요하다.

숙성된 브랜디는 오히려 튤립 모양의 노징 글라스를 사용하면 숙성된 브랜드의 향을 더욱 생생히 살려주며, 공기와의 상호작용을 가능케 해서 아로마를 더 많이 발산시켜 준다. 알코올함량 40% 정도에서 병입되는 코냑과 아르마냑은 대체로 물을 섞을 필요가 없으며, 희석을 시키면 오히려 은은한 향이 묻히기 쉽다.

한편 현재 프랑스 브랜디 업계는 변화가 일어나면서, 특별히 칵테일 세계를 겨냥한 여러 가지 풍미를 선보이고 있기도 하다. 특히 어린 칼바도스, 비교적 가볍고 풍미 높은 VSOP 코냑, 또는 숙성되지 않은 블랑쉬 아르마냑은 롱드링크로 아주 잘 어울린다.

칼바도스 스프리처(Calvados Spritzer)
↓

자, 지금은 바비큐 타임이다. 혹시 진을 꺼낼 생각을 하면서 토닉워터를 찾아 냉장고 문을 열려고 하는가? 그렇다면, 잠깐 멈춰라!

그보다는 와인 잔에 잘게 부순 얼음을 가득 채우고 칼바도스를 계량컵으로 두 잔 부어라(이 경우엔 다론 파인(Daron Fine)이나 베르네로이 파인(Berneroy Fine) 같은 어린 스타일이 잘 어울리며 가격도 별로 비싸지 않다). 이번엔 앙고스투라 비터를 두어 대시(dash, 1대시는 약 1㎖, 5~6방울)를 섞어 넣고 탄산수를 잔이 가득 채워지도록 따른다. 청사과 슬라이스로 가니시를 올린 후, 금방 타버리는 소시지 때문에 정신이 없어지기 전에 얼른 한 모금 홀짝여라.

더 하인 라인(The Hine Line)
↓

빈티지 칵테일 파티를 위해 속성으로 후다닥 만들어냈던 칵테일로, 샴페인의 클래식 칵
테일을 기본으로 삼은 것이다. 코냑의 섬세한 꽃 향이 사과주스의 과일 향의 달콤함과
잘 어우러지며 비터가 들어가 약간의 기분 좋은 향신료 풍미가 더해진다.

재료	조주법

재료

- H 바이 하인(H by Hine) VSOP 코냑
  37.5㎖(계량컵 1½잔)
- 고급 사과주스 37.5㎖(계량컵 1½잔)
- 연한 꿀 6.25㎖(계량컵 ¼잔)
- 앙고스투라 비터 약간
- 샴페인, 잔을 가득 채울 만큼의 분량
- 가니시용 마라스키노 체리

조주법

코냑, 사과 주스, 꿀, 비터를 얼음과 함께 셰이커에
넣고 흔든 뒤, 차게 냉각시킨 플루트형 샴페인 글라
스에 여과기에 걸러 따른 다음 잔이 가득 차도록 샴
페인을 채워서 마라스키노 체리로 장식한다.

프랑스의 브랜디

블랑쉬 마티니(Blanche Martini)

↓

심하다 싶게 간단한 칵테일로, 알코올함량 50% 정도에서 증류기에서 바로 병으로 담기는 블량쉬 스타일의 아르마냑 특유의 그 기막힌 상쾌함을 돋보이게 해준다. 오크통에서 오래 숙성된 아르마냑은 (매혹적인 올드 패션드로 음미하기에 좋을 뿐만 아니라) 명상에 잠긴 채 홀짝이기에 환상적이지만, 가스코뉴 지방의 새내기인 이 칵테일로 즐겨도 흥미로울 것이다.

먼저 드라이한 베르무트(노일리 프랏(Noilly Prat), 또는 더 달콤한 맛을 원한다면 릴레 블랑)로 마티니 글라스 안쪽을 코팅해준다. 각얼음으로 채운 믹싱 글라스(mixing glass)에 블랑쉬 아르마냑을 일명 '젠틀맨즈 포어(gentleman's pour, 약 65㎖, 또는 계량컵으로 2½잔)' 분량만큼 넣어 20-30초 저어준 후 여과기에 걸러 마티니 글라스에 따라준다. 마지막으로 얇게 슬라이스한 레몬 껍질로 장식해준다.

추천 프랑스 브랜디 10선

프랑스 전역에서 생산되는 뛰어난 브랜드의 수를 생각하면 '추천 10선'을 고른다는 것은 말 그대로 어려운 주문이다. 하지만 우리는 다음의 브랜디들이야말로 뛰어난 브랜디의 제조에 관한 한 프랑스가 얼마나 중요한지, 또 프랑스인들이 왜 일인자인지에 대해 증명해줄 대표적 브랜디라고 의심치 않는다.

귀용-판투로 비예이 레제르브 코냑
GUILLON-PAINTURAUD VIEILLE RÉSERVE COGNAC
40% | 세공작(Segonzac)

그랑 샹파뉴 지역의 중심부에 자리 잡은 이 싱글 에스테이트 생산자는 특이하게도, 모든 코냑에 1년 숙성된 오드비를 블렌딩한다. 특히 이 코냑은 20년가량된 오드비를 함께 블렌딩한 제품이다. 호두나 은은한 황설탕의 아로마와 약한 가죽 향이 견과류의 맛과 어우러져 있으며, 여기에 초콜릿, 헤이즐넛, 바닐라의 풍미도 느껴진다. 소규모 생산자들의 실력이 어느 정도까지 발휘될 수 있는지 증명해주는 뛰어난 사례다.

H 바이 하인 VSOP 코냑
H BY HINE VSOP COGNAC
40% | 자르낙

수확기에 자르낙에 가보면 지난 250년 동안 해왔던 방식의 특이한 관행을 여전히 이어가는 한 생산자를 만나볼 수 있다. 하지만 H 바이 하인은 코냑에 대한 새로운 시도를 펼치는 대표적 주자이기도 하다. (그랑 샹파뉴와 프티 샹파뉴에서 재배된 포도만을 원료로 사용한) 이 코냑은 기분 좋을 만큼 부드러운 풍미를 띠고 있어 단독으로 음미하기에나, 칵테일로 마시기에나 두루두루 잘 맞는다. 또한 바닐라와 건과일에 더해 미묘한 오크의 풍미가 느껴져서 스피릿에 처음 입문하는 이들에게 이상적이다.

뒤퓌 오르 다주 코냑
DUPUY HORS D'AGE COGNAC
40% | 코냑

뒤퓌 하우스는 150년도 더 전부터 바쉬-가브리엘셰의 브랜드와 제휴해왔다. (그랑 샹파뉴산의 포도로 빚어진) 여러 가지 코냑을 블렌딩한 이 뛰어난 품질의 오르 다주는 평균 숙성 기간이 50년 이상이며, 거의 100년이 된 코냑도 블렌딩되어 있다. 풍부한 체리 리큐어 향과 캐러멜, 블러드 오렌지의 아로마가 전해지며, 여기에 훈훈한 느낌의 흙 특유의 드라이함이 어우러져 있다. 그 복합적 풍미가 매혹적이어서 식후 스피릿으로 아주 뛰어나다.

아르마냑 델로르 오르 다
ARMAGNAC DELORD HORS D'AGE
40% | 라네팍스(Lannepax)

놀랍게도 이 작은 아르마냑 하우스에서는 매년 10만 병가량의 브랜디를 생산하고 있다. 특히 인상적인 점은 병입, 라벨링, 마무리 공정(밀납 압인과 황금색 압인 장식) 모두를 두세 개의 작업팀이 일일이 손으로 처리하고 있다는 사실이다. 한마디로 장인적 생산의 최고봉 수준이다. 이 15년된 브랜디는 딱총나무 꽃, 밀크 초콜릿, 건과일의 향이 미묘하게 감돌고 메이플 시럽과 설탕절임 오렌지의 풍미를 함께 느낄 수 있다.

다로즈 레 그랑드 아상블라주 아르마냑
DARROZE LES GRANDS ASSEMBLAGES ARMAGNAC 30년
43% | 로크포르(Roquefort)

현재 마크 다로즈가 운영 중인 이 선구적인 회사에서는 특정 농장에서 생산된 포도로 만들어진 여러 빈티지의 원액를 선별해서 10년부터 60년에 이르는 여러 숙성 기간별로 다양하게 제품을 내놓고 있다. 이 아르마냑은 시트러스 과일, 생체리, 마지팬의 풍미가 입 안에서 폭발하듯 풍성하게 느껴지고 나무에서 우려진 특유의 풍미와 감초의 알싸한 기운이 감돈다.

프랑스의 브랜디

샤토 드 펠르오 블랑쉬 아르마냑
CHÂTEAU DE PELLEHAUT BLANCHE ARMAGNAC
44% | 몽레알 뒤 제르(Montréal du Gers)

아르마냑의 개념에 대해 완전히 새롭게 접근한 아르마냑이며, 잘 숙성된 스피릿으로 더 유명하다. 블랑쉬는 주로 믹싱용으로 생산되어온 상쾌한 비숙성의 아르마냑이다. 생자두, 사과, 졸인 프룬, 타르트 타탱의 강렬한 아로마와 풍미가 특징인 이 아르마냑은 평상시에 보드카와 토닉워터를 섞어서 즐기다 멋진 일탈을 결심하는 아르마냑 초짜들이 거부감 없이 음미하기에 좋은 선택이다.

아르마냑 카스타레드 1939 뱅타주
ARMAGNAC CASTARÈDE 1939 VINTAGE
40% | 제르, 몰레옹(Mauleon)

가족이 직접 운영하고 있는 카스타레드는 뛰어난 품질의 어린 스피릿들, 특히 10년 숙성의 VSOP와 20년 숙성의 오르 다주와 더불어 훌륭한 빈티지 아르마냑을 생산하며 이에 대해 자부심을 품고 있다. 이 아르마냑으로 말하자면 고가지만 진정한 세계적인 최상급 스피릿으로, 열대 과일, 흑설탕, 바닐라, 흙의 풍미를 강렬히 선사하며 그야말로 최고의 순간을 안겨준다.

뒤퐁 비에이 레제르브 칼바도스
DUPONT VIELLE RÉSERVE CALVADOS
42% | 페이 도주

칼바도스를 프랑스에서 세 번째로 유명한 브랜디라고 말한다면 어쩐지 부당할 것 같다. 특히 이 뒤퐁 가문에서 빚어낸 '올드 리저브(Old reserve)' 칼바도스를 맛보면 더 그렇게 느껴진다. 5년간 오크통에서 숙성시키는(통의 1/4은 새 오크통을 써서 강한 타닌의 느낌을 부여해줌) 이 칼바도스는 달콤쌉쌀한 사과 80%와 시큼한 신맛의 사과 20%를 블렌딩해서 최대 6개월 동안 발효시킨 후 증류하여 신선하고 톡 쏘는 풍미와 강한 사과의 풍미가 뚜렷이 느껴진다.

아드리앙 카뮈 프리빌레주 칼바도스
ADRIEN CAMUT PRIVILÈGE CALVADOS
40% | 페이 도주

이 칼바도스 증류소 역시 가업으로 운영되는 곳으로 수제 방식 증류의 농촌식 전통을 고집하고 있다. 약 10개월간 숙성시키는 사과주의 원료로는 약 25종의 사과를 사용하며 미니 사이즈의 증류기에 사과나무로 불을 때운다. 이 칼바도스는 18년간 숙성된 것이며 풍부하고 버터 같은 풍미와 졸인 과일, 바닐라, 달콤한 꿀의 풍미가 잘 균형 잡혀 있고 여기에 청사과 특유의 상큼함이 중심을 잡아주고 있다.

G. 미클로 마르 달자스 드 게뷔르츠트라미너
G. MICLO MARC D'ALSACE DE GEWURZTRAMINER
45% | 알자스(Alsace)

유명한 프랑스 브랜디의 대열에 섞이기엔 의외의 브랜디지만, 순전히 흥미로운 사례로서 꼭 포함시키고 싶었다. 퍼미스, 즉 게뷔르츠트라미너 포도로 와인을 빚고 남은 찌꺼기를 원료로 써서 만드는 이 마르는 알자스의 뛰어난 화이트 와인에서 느껴지는 달콤하고 부드러운 과일의 풍미(살구, 천도 복숭아, 아카시아 꿀을 상상하면 됨)를 빠짐없이 선사해주는 한편 스피릿 특유의 기운차고 톡 쏘는 맛과 더불어 풍부한 풍미를 갖추고 있기도 하다.

세계의 브랜디
WORLD BRANDIES

앞에서도 얘기했다시피 브랜디는 지난 500년에 걸쳐 지구의 구석구석으로 파고들며 독특하고 국제적인 풍미와 전통적 제조법을 융합시켜왔다. 이런 성공은 어느 정도는 포도나무의 뛰어난 생존성 덕분이었고, 신세계 와인에 대한 관심이 높아지면서 유럽, 남아프리카 공화국, 아메리카 대륙의 포도 브랜디가 점점 인기를 끌게 된 점도 한몫했다. 게다가 과일 브랜디는 자두, 사과, 배, 살구, 체리 등의 전통적인 과수원 과일에서부터 비교적 이국적인 과일에 이르기까지 천연적으로 고당도(과당) 성분을 함유한 과일이면 무엇으로든 원료가 될 수 있다. 남아프리카 공화국에서 누군가가 쿠쿠마크란카라는 과일로 브랜디의 제조를 시도해봤을지도 모를 일이다.

브랜디의 장점은 발효 가능한 당분이 함유된 것이면 뭐든 맛좋은 스피릿으로 거듭날 가능성이 충분하다는 것이다. 한편 이번 챕터에서는 누구나 인정할 만한 몇 사람의 전문가들도 만나보게 될 텐데, 모두 과일을 수금(水金)으로 변화시키는 기술에 아주 정통한 인물들이다.

Grappa "Elisi"
Distilleria Berta
€ 23,00

Grappa di Moscato
€ 15,00

남미의 떠오르는 스타, 피스코

사람들에게 아메리카 대륙을 대표하는 진정한 스피릿이 뭐냐고 물으며 십중팔구는 미국의 버번 위스키나 멕시코의 테킬라라고 대답할 것이다. 하지만 남미에서는 현재 말수 적은 아들, 피스코(pisco)가 조금씩 목소리를 내며 자신의 존재감을 드러내고 있다.

피스코는 포도를 증류해서 만들어지는 달콤한 스피릿이며, 서로 이웃 국가 사이인 칠레와 페루가 그 원조 타이틀을 놓고 뜨거운 논쟁 중이다. 브랜디가 스피릿계의 레드 와인이라면 피스코는 화이트 와인쯤에 해당된다.

남미 와인의 성장세에 밀려 그늘에 가려져 온 이 피스코는 16세기에 개발되었다. 당시에 스페인 정착자들이 이 지역에 들어와 포도원을 세우고 자국의 '퍼미스' 브랜디를 대체할 만한 것을 궁리하던 중에 만들어진 것이 바로 피스코였다. 다시 말해, 와인을 빚고 난 뒤 남은 쓸모없어 보이는 찌꺼기가 피스코의 원료였던 것이다.

페루와 칠레는 이 달콤한 스피릿의 인기가 높아지자 자신들이 원조라고 자처하고 나섰고, 현재는 양국 모두 피스코 생산지를 엄격히 관리하고 있다. 대체로 칠레의 피스코는 경쟁국 페루보다 낮은 알코올함량에서 병입된다. 한편 스피릿명과 똑같은 이름의 마을을 보유한 국가는 페루뿐이라 페루는 그 원조국 주장에 더 힘을 얻고 있으며 병 라벨에 피스코를 아펠라시옹으로 당당히 표기하고 있다.

이 남미의 브랜디는 마시기 편한 블렌딩을 추구하는 새로운 물결에 힘입어 점점 세계로 무대를 넓히고 있으며 그 성장 속도 또한 거세다. 현재 피스코의 최대 수입국은 미국이다.

피스코의 풍미

↓

피스코의 다양한 스타일과 풍미를 결정짓는 데에는 와인이 그렇듯 포도 품종이 아주 중요하다. 또한 와인과 마찬가지로 여러 포도를 블렌딩시킬 수 있어서(일명 피스코 아코라도(acholado)라고 함) 브랜드별로 독자적 프로필을 띠게 해준다.

원료로 사용되는 포도 가운데 가장 인기 있는 품종은 머스캣(Muscat), 알비야(Albilla), 이탈리아(Italia) 종이다. 특히 이탈리아 품종으로 제조된 피스코는 놀라울 만큼 향기로워, 달콤한 청사과 향과 딱총나무 꽃 특유의 향이 풍성하다. 또 달콤하면서도 기름지고 환상적인 향과 풍미로 가득해 피스코 입문용으로 잘 맞는다. 한편 피스코 푸로(puro)는 단일 품종 포도의 풍미가 풍성히 담겨져 있으며, 이탈리아의 그라파처럼 다재다능성이 돋보인다. 페루의 피스코는 다른 대다수 과일 브랜디와는 달리 법에 따라 나무통 숙성이든 그 외의 또 다른 숙성이든 간에 그 꾸밈없는 풍미 프로필을 잃게 할 만한 숙성은 일체 금지되어 있다. 그래서 오크 풍미가 전혀 느껴지지 않는다.

피스코 사워(Pisco Sour):
인류에게 알려진 한 가장 맛있는 칵테일에 들며
조주법도 정말 쉽다.

듀간 맥도넬(Duggan McDonnoll)
미국 샌프란시스코

피스코를 어떻게 즐기시나요?

음, 피스코는 브랜디처럼 실온에서 스트레이트로 즐겨도 괜찮은데, 실제로 페루나 칠레에서는 대개 그렇게들 마십니다 하지만 피스쿠의 진정한 정신적 고향을 느껴보려면 페루와 칠레의 국민주, 피스코 사워를 맛봐야 합니다. 부드럽고 달콤하며 상쾌한 피스코 사워는 인기가 너무 많아서 페루에서는 이 칵테일을 기념하는 국경일까지 있을 정도예요. 피스코 사워는 남미의 가장 대표적인 칵테일입니다.

피스코의 서구화 스타일을 찾는 수요가 뜨겁게 일어남에 따라 샌프란시스코에서는 스피릿에 대한 열정이 남다른 이들(디스틸러 카를로스 로베로(Carlos Romero), 소믈리에 월터 무어(Walter Moore), 바텐더 듀간 맥도넬)이 한 팀으로 뭉쳐 캄포 데 엔칸토(Campo de Encanto)라는 자체 브랜드로 제품을 만들었다.

이 제품은 아코라도 스타일로, 페루에서 케브란타(Quebranta), 토론텔(Torontel), 모스카텔(Moscatel), 이탈리아 종을 믹스하여 향기로운 포도와 향이 없는 포도를 블렌딩시켜 제조된 후 1년간 숙성된다. 생산자의 본거지인 샌프란시스코에서, 부담 없는 풍미에 세련된 이미지를 가진 참신한 이 제품은 이제 새로운 세대의 피스코 애호가들의 기호를 대변하게 되었다. 또한 전 세계의 스피릿 품평회에서 수상을 하거나 주류 전문작가들에게 호평을 받아도 될 만한 수준이라고 여겨진다.

피스코 사워

라임즙, 설탕시럽, 달걀 흰자를 사용해 간단하게 만들 수 있는 칵테일이다. 복수가 그렇듯 모든 사워 칵테일도 차가워야 제맛이며, 특히 피스코 사워는 더 그렇다. 피스코 사워는 페루의 국민 음식 세비체(ceviche, 생선, 조개, 오징어 등을 양파, 레몬즙에 버무린 것)에 곁들여 마시면 아주 좋다. 특히 그 위에 고수를 얹고 피스코를 듬뿍 뿌려 먹는 '술취한 가리비(drunk scallops)'(얇게 저민 생대왕가리비를 라임즙에 절인 것으로 라임의 구연산이 가리비를 사실상 '익혀주는' 요리) 요리로 먹어도 일품이다. 자, 그러면 이제부터 피스코 사워를 만드는 방법이 나간다. 손님들에게 저녁식사 전에 대접하기에도 그만이니, 더 많은 양을 만들고 싶다면 인원수에 맞춰 재료를 배로 늘려보길.

재료

- 피스코 50㎖(계량컵 2잔)
- 갓 짜낸 라임즙 25㎖(계량컵 1잔)
- 설탕시럽 12.5㎖(계량컵 1/2잔)
- 달걀 흰자 1개

조주법

얼음 한줌과 함께 모든 재료를 셰이커에 넣고 흔든다. 올드 패션드 글라스에 얼음을 담고 여과기에 걸러 따른다. 기호에 따라 그 위에 앙고스투라 비터를 살짝 넣는다.

라 돌체 비타의 맛, 그라파

이 세상에서 결코 의심하지 못할 한 가지가 있다면 그것은 이탈리아인들이 자국의 상품에 바치는 열정이다. 이것은 그라파의 경우에도 예외가 아니다. 그라파는 이탈리아의 가장 오래된 스피릿으로 그 뿌리가 14세기까지 거슬러 올라가는데, 그동안 여러 가업적 증류소에서 대대로 와인을 양조하고 남은 포도 찌꺼기인 퍼미스를 증류해오면서 그 기술이 정교해지고 명인의 경지에 이르렀다.

지난 20년 사이에 그라파는 상당한 변혁의 물결에 휩쓸려왔다. 농민들이 겨울의 몇 달 동안 기운을 되찾기 위해 즐겨 마셨던 전통적이고 꽤 투박한 스피릿이었던 그라파가 언젠가부터 대량 생산 쪽으로 변화의 물결에 휩싸이면서 증류 과정에 대해 장인적 정성을 기울이던 경향이 사라지고, 포도의 선택도 일관적이지만 개성이 덜한 제품의 생산을 위해 초점이 맞춰졌다. 그러다 다행히도 변화의 물결이 다시 장인정신을 선호하는 방향으로 바뀌어 현재는 전통적인 방식을 되살려낸 열정가들의 손에서 최상급의 그라파가 빚어지고 있다. 그리고 이들의 열정에 힘입어 그라파는 이제 전 세계의 감식가들로부터 큰 호평을 받고 있다.

포도 약 100kg을 압착해서 발효하고 불순물을 제거하고 나면 약 100병 정도의 와인이 만들어진다. 하지만 이렇게 소중히 여겨지는 포도에서 나오는 퍼미스로 만들 수 있는 그라파는 3병 밖에 안 된다. 따라서 그 양이 얼마가 됐든 그라파를 만드는 것은 쉬운 일이 아니다. 과일과 꽃향기의 균형이 환상적인 그라파의 제조 증류업자들 사이에서 머스캣, 게브로츠트라미너 같은 향기 그윽한 품종이 선호된다면, 메를로, 아마로네, 바롤로 같은 더 묵직한 품종은 더 짙은 과일 풍미와 잼 같은 달콤함을 선사하고 타닌의 느낌이 돌면서 드라이한 특징을 띠게 해준다.

스몰배치 방식인 그라파는 대개 증기식 증류기를 사용한다. 이 증기식 증류기는 일부분은 단식 증류기이고 또 일부분은 연속식 증류기인 구조로, 증기가 증류기로 퍼미스의 독특한 향과 풍미를 살살 올려 보내주어 최종 증류액에 그 포도 품종의 개성이 그대로 남도록 해준다. 증류가 끝난 스피릿은 알코올함량이 무려 85%에 달하게 되는데 최종 병입 때 탈염수(무기산 염류를 제거한 물)로 도수가 낮춰준다.

그라파의 스타일

↓

하지만 그라파는 비숙성 스피릿이 아니다. 절대 아니다. 어린 그라파(즉, 조바네(giovane)) 원액을 숙성하여 블렌딩한 뒤 다시 1년간 재숙성시키면서 독특한 풍미를 띠게 된다. 현재 인베키아타(Invecchiata, 숙성된) 그라파와 (리제르바(riserva)나 스트라베키아(stavecchia) 스타일의) 고도 숙성된 그라파는 차츰 폭넓은 풍미 프로필을 띠어가면서 빛깔이 짙은 프랑스의 브랜디를 닮아가고 있다. 높은 가격표까지도 프랑스의 브랜디에 필적하고 있다.

전통적 서빙법과 현대적 서빙법

↓

전통적으로 그라파는 커피와 함께 디제스티프(digestif, 식후에 소화를 촉진하기 위하여 내는 술)로 서빙되는데 이때 그라파가 담겨져 나오는 그라파 글라스는 그 자체로도 하나의 예술품이다. 가느다란 스템(다리)과 플루트 모양의 그라파 글라스는 풍성한 향을 감각적으로 발산시켜주며, 특히 실온으로 맞춘 그라파를 채워 넣으면 향이 더욱 그윽해진다. 하지만 그라파는 아주 다재다능한 스피릿이기도 해서, 바텐더들은 클래식 칵테일을 조주할 때 코냑과 그 외의 숙성 브랜디 대신 참신하게 그라파를 활용하고 있을 뿐만 아니라 프로세코(Prosecco, 이탈리아의 스파클링 와인)의 맛에 생기를 더해주기 위해 깔끔하고 포도 특유의 풍미가 있는 비교적 어린 그라파를 살짝 차게해서 섞어주기도 한다.

세계적 수준의 그라파의 향은 식후에 아주 잘 어울리고, 맛좋은 이탈리아의 커피와 곁들이면 특히 더 일품이다.

인터뷰

비토리오 카포빌라(Vittorio Capovilla)
그라파 마에스트로(GRAPPA MAESTRO),
이탈리아 비첸차

'카포빌라'라는 이름은 그라파 제조업계에서 길이길이 빛날 것이다. 한마디로 말해 비토리오 카포빌라는 현대적 그라파 생산의 아버지이자, 그 독특한 풍미를 새롭게 응용할 수 있을 만한 세계적 수준의 스피릿을 만들어낸 점에서 진정한 개척자이기도 하다.

훌륭한 그라파를 만들어내는 예술을 어떻게 표현하고 싶으십니까?

정말로 증류는 예술처럼 열정을 불태우는 작업이 되기도 합니다! 그것도 원료, 증류 기법, 설비 지식, 원료에 대한 제대로 된 이해에 전념하는 열정이지요.

그라파에서는 숙성이 개성과 대비해서 얼마나 중요한가요?

그라파에서는 '화이트' 그라파와 숙성 그라파, 두 종류가 있습니다. 숙성 그라파의 경우엔 통의 질, 숙성 기간이 아주 중요하죠. '화이트' 그라파는 병입 준비 단계에서 현지 수원의 물로 알코올함량을 낮추기 전에 증류액을 '에스테르화'시키기 위해 통에서 2-3년을 숙성시켜야 합니다.

그라파 마에스트로의 그라파가 최고인 이유를 이야기할 1분이 주어진다면 어떻게 말하고 싶으신가요?

저희는 순수한 증류액만을 제조합니다. 당분을 첨가하거나 풍미제를 넣어 따로 우려내는 과정 없이 퍼미스를 2차까지 증류합니다. 이런 방식은 다른 그라파들의 제조에 비해 최소 10배의 에너지와 시간을 들여야 합니다. 게다가 저희의 그라파에는 첨가물이 하나도 들어가지 않습니다. 그래서 믿을 만하고 신선하며 소화도 잘 되죠.

그라파 마에스트로의 그라파를 즐기는 가장 좋은 방법은 뭔가요?

향이 그윽한 '화이트' 그라파는 식전주로 마셔도 좋고 스틸턴 치즈에 곁들여도 괜찮아요. 적포도로 만든 그라파는 커피를 마신 후에 맛보면 제격이고요. 또 숙성 그라파는 맛좋은 초콜릿이나 쿠바산 시가와 잘 어울립니다.

카포빌라라는 이름을 세 단어로 표현한다면요?

이상주의자, 혁명가, 완벽주의자요.

세계의 풍요로운 과일 브랜디들

독일에서부터 남아프리카 공화국에 이르기까지 과일 브랜디든은 쭉 살펴보면 그 종류가 얼마나 풍요로운지 느껴진다. 또한 증류업자들이 특정 과일에서 핵심적 특징을 얼마나 잘 끌어내는지에 대해 감탄하게도 된다. 독일에서 가장 사랑받는 과일 베이스 스피릿인 키르시바서(Kirschwasser), 즉 키르쉬(Kirsch)를 예로 들어보자. 키르쉬는 모렐로 체리(morello cherry) 과육의 발효액을 증류시켜 제조되는 스피릿이다. 막 수확한 잘 익은 체리는 즙이 가득 차 있고 당분이 높아서 증류주의 원료로 쓰기에 아주 훌륭하다. 하지만 그 최종 증류액은 사람들이 으레 예상할 법한 그런 달콤한 체리의 풍미가 아니다. 즉, 아주 싱싱하고 거의 톡 쏠 만큼 시큼하며 과일 풍미가 강렬한 데다 체리 향은 느껴질 듯 말 듯 살짝 감돌고 발효 과정에서 발전된 아몬드 특유의 독특한 견과류 맛이 나는데, 이는 (씨까지 포함해) 체리를 통째로 모두 사용하기 때문이다.

동유럽의 전통주
↓

동유럽은 과일 베이스의 브랜디에 목말라하는 수요가 대단해서 슬리보비츠(slivovitz)가 엄청난 사랑을 받고 있다. 슬리보비츠는 댐선 플럼(damson plum)이라는 자두 베이스의 브랜디로 과육과 씨를 효모로 발효시킨 후 작은 단식 증류기에서 증류시킨다. 불가리아에도 비슷한 브랜디가 있다. 전통적으로 트로이 수도원(Troyan Monastery)의 수사들의 손에서 증류되는 브랜디로, 현지에서 재배되는 블루 플럼(blue plum)을 원료로 쓰고 더러 허브로 풍미를 가하기도 한다. 이 달콤한, 하지만 아주 독한 스피릿의 인기가 어찌나 높은지 불가리아인들은 블루 플럼만을 위한 축제까지 열어 이 브랜디를 축제의 중심 무대에 세우는가 하면 가내 생산자들은 증류기를 혼이 숨 쉬는 발표회의 일환처럼 밖으로 가지고 나오기도 한다.

영국 서머싯의 사과 브랜디 혁신

↓

프랑스의 노르망디 해협 지역과 칼바도스 생산지역 건너편인 영국 남서부 지방은 뛰어난 사과주를 빚어온 역사가 깊으며 그중에서도 특히 서머싯 카운티가 독보적이다. 서머싯은 현재 수많은 과수원들이 밀집되어 수백 종의 사과를 재배하고 있으나 한때 17세기 후반쯤에는 사과주를 브랜디로 만들던 전통이 소멸되다시피 했다고 한다. 하지만 그런 전통을 되살리려 고군분투하며 끈질기게 매달려온 두 사람의 열정가 덕분에 서머싯의 과수원들이 다시 활기를 띠게 되었고 이 과수원에서 재배된 사과들을 베이스로 뛰어난 품질의 스피릿이 부활하게 되었다.

영국 소재 서머싯 사이더 브랜디 디스틸러리(Somerset Cider Brandy Distillery)의 통들. 이곳은 원래 사과나무로 유명한 데 현재는 사과 브랜디의 숙성통으로도 유명세를 얻고 있다.

스피릿 제조 기술은 대개 대대로 전수되면서 가문의 비법으로 엄중히 지켜지고 있다.

추천 세계의 브랜디 10선

자, 지금부터는 풍미 프로필의 아주 다양한 세계가 펼쳐질 것이다. 지금까지 쭉 그랬듯, 그 많고 많은 스피릿 가운데 단 10가지의 뛰어난 제품을 가려낸다는 것은 어려운 일이지만 클래식 브랜디의 대표적인 사례들로 다음과 같이 선정해보았다.

서머싯 사이더 브랜디
SOMERSET CIDER BRANDY 20년
42% | 영국 서머싯

줄리안 템퍼리(Julian Temperley)와 팀 스토다트(Tim Stoddart)는 1678년 이후로는 영국에서 처음으로 사과 브랜디를 제조해내면서 풍미가 뛰어난 걸작 브랜디를 탄생시켰다. 두 사람의 제조법에 맞춰 만들어지는 이 브랜디는 놀라울 만큼 여러 종의 사과를 블렌딩한 후 그렇게 만들어진 브랜디를 오크통에서 숙성시켜 놓고 매년 블렌딩 없이 병입해서 내놓고 있다. 강렬한 과일 풍미가 느껴졌다가 뒤이어 아주 미묘한 스파이시 향, 풍성한 바닐라 풍미, 오키하고 드라이한 맛이 이어진다.

반 린스 디스틸러스 리저브 브랜디
VAN RYN'S DISTILLERS RESERVE BRANDY
38% | 남아프리카 공화국 스텔렌보스

남아프리카 공화국에서는 뛰어난 와인을 양조해온 역사가 깊은 만큼 와인을 증류한 브랜디가 등장하기 시작한 것은 어쩌면 당연한 일이며, 반 린스 디스틸러스는 이런 브랜디 생산자를 통틀어 최상위에 꼽힌다. 슈냉 블랑(Chenin Blanc)과 콜롱바 품종이 블렌딩된 이 브랜디는 구리 단식 증류기에서 증류된 후 12년간의 숙성을 거치면서 독특한 생과일 향을 띠게 되며 여기에 짙고 풍부한 스파이시 풍미와 미묘한 흙맛이 떠받쳐주고 있다.

코벨 캘리포니아 브랜디
KORBEL CALIFORNIA BRANDY 12년
40% | 미국 캘리포니아 주 소노마 카운티

소노마 카운티 여기 풍부한 와인 양조의 유산을 바탕으로 브랜디 제조에 손을 대기 시작해 놀라운 성공을 일구어낸 곳이다! 코벨 와이너리는 설립자인 프랜시스 코벨(Francis Korbel)이 새롭게 브랜디 제조에 뛰어들었던 19세기 말부터 역사를 써나가기 시작해 현재는 다양한 종류의 브랜디를 생산하고 있다. 이 12년 숙성된 브랜디는 절제된 오렌지 껍질 향, 바닐라 향과 더불어 생포도류의 향이 감돌면서 놀라울 만큼 풍부한 풍미를 선사한다.

곤잘레스 비아스 레판토 솔레라 그란 레세르바 페드로 히메네스 브랜디
GONZÁLEZ BYASS LEPANTO SOLERA GRAN RESERVA PEDRO XIMÉNEZ BRANDY
40% | 스페인 헤레스

'솔레라'는 셰리의 숙성과 관련된 명칭으로, 한 나무통 안에 오래 숙성된 셰리와 어린 셰리를 블렌딩시킨 후 병입시키는 방식을 가리킨다. 이 브랜디가 바로 그런 방식에 따라 제조되는 것으로, 12년 숙성 후에 풍부하고 스파이시한 페드로 히메네스 셰리통으로 옮겨져서 마지막으로 3년간 더 숙성되면서 황홀할 만한 경지의 복합성을 지니게 되며 여기에 더해 나무 특유의 풍미, 담배 풍미, 짙은 건과일 풍미가 함께 담기게 된다.

와카르 피스코
WAQAR PISCO
40% | 칠레

칠레와 페루는 피스코의 출생지를 놓고 양보 없는 기싸움을 벌이면서 양국 모두 해외 시장을 넓히기 위해 최상급 제품의 생산을 적극 장려하고 있다. 이 피스코는 칠레의 코킴보(Coquimbo) 지역 몬테 파트리아(Monte Patria) 인근에서 증류소를 운영하는 가문, 캄포사노(Camposano)에서 제조한 것으로 원료로 쓰인 무스카트 포도의 특징을 잘 담아내서 뚜렷한 과일 풍미와 (딸기 향, 은은한 시트러스 껍질과 꿀의 향이 선사하는) 달콤함이 느껴지며, 스파이시한 풍미의 여운이 길게 남는다.

비냐스 데 오로 이탈리아 피스코
VIÑAS DE ORO ITALIA PISCO
41% | 페루

우리가 처음 피스코에 접하던 무렵에 맛보았던 것으로, 감탄스러운 풍미를 지녔음에도 종종 악평을 받고 있는 피스코에 대해 달리 생각하게 해준 제품이다. 일부 피스코는 풍미가 거칠고 포도의 발효 향이 강하게 풍기지만 (포도 품종 '이탈리아'의 이름을 따서 작명된)이 데 오로 이탈리아는 매혹적인 향을 지녔는데, 딱총나무 꽃의 향기가 그윽할 뿐만 아니라 상큼한 청사과 향과 더불어 바닐라와 잘 익은 자두의 향이 은은하게 감돈다. 잔에 얼음을 채우고 토닉 워터와 사과 슬라이스를 넣어서 섬머인어글라스 (#SummerInAGlass) 칵테일로 즐겨보길 권한다.

나르디니 그라파 리제르바
NARDINI GRAPPA RISERVA
50% | 이탈리아

나르디니 가문은 1779년 이후로 이탈리아의 국민주 그라파를 제조하면서 쭉 최고의 품질을 지켜오고 있다. 이 리제르바 그라파는 오크 숙성 스피릿에 친숙한 사람들이 아주 흥미로워할 만하다. 크로아티아 동부산의 나무로 만들어진 슬로보니아 오크통에서 숙성되기 때문인데, 이 오크통에서 5년 동안 선잠에 빠져 보내는 동안 상큼한 청포도 향, 성성한 레몬 껍질 향, 그윽한 천도 복숭아 향 등 여러 가지 과일 향을 띠게 되며, 꿀 계열의 향긋한 맛도 배어난다.

카포빌라 그라파 디 바롤로
CAPOVILLA GRAPPA DI BAROLO
41% | 이탈리아

누구도 이의를 달지 못할 만한 그라파의 대가 비토리오 카포빌라는 장인으로서 명품 스피릿만의 미묘한 차이를 잘 간파하고 있다. 수확된 포도의 품질, 증류기의 복잡한 구성, 일일이 손으로 붙이는 병 라벨에 이르기까지 어느 면으로 보나 그에게는 대가다운 장인의 면모가 느껴진다. 바롤로 품종을 원료로 쓰는 이 그라파는 자두 풍미가 강하고 미묘한 체리 향이 풍기며, 약간 텁텁함이 느껴지는 드라이한 맛이 있고 여운으로 계피 향이 남는다.

루베르휘젠 앤 라프 페이르 콘페렌세
LUBBERHUIZEN & RAAFF PEER CONFERENCE
42% | 네덜란드

이 훌륭한 그래프트 증류소는 예전에 스밧스였던 곳에 세워졌으나 이곳에서 생산된 스피릿에 대해서는 눈에 불을 켜고 격분할 만한 거리가 전혀 없다. 이곳에서는 사과, 블랙커런트, 자두, 체리, 배 등이 브랜디로 거듭나서 1년 정도 숙성 후에 병입되고 있는데, 배를 원료로 써서 증류시킨 이 브랜디는 상상을 저버리지 않는 풍미를 선사한다. 초록 과일의 꽃 같은 향이 느껴지고 흙 특유의 맛이 미각을 자극하며, 여기에 부드러운 배와 바닐라의 풍미가 더욱 강렬한 여운을 남겨준다.

오카나간 스피릿츠 캐나도스
OKANAGAN SPIRITS CANADOS
40% | 캐나다

캐나다에서 밴드 멤버로 활동하는 한 친구 덕분에 알게 된 브랜디인데, 말장난을 재치있게 활용한 점이 재미있다. '칼바도스'를 약간 비틀어서 작명한 이 캐나도스는 눈치챘을 테지만 사과 브랜디다. 캐나도스는 브리티시 컬럼비아 주 오카나간에 자리 잡은 크래프트 증류소의 마스터 디스틸러 프랭크 디터(Frank Deiter)의 손길을 거쳐 제조되고 있는데, (야생사과의 사용이 제조법의 핵심으로서) 강렬하고 시큼하며 생생한 과일 풍미가 풍성해서 입안에 상큼한 여운을 남겨준다. 확실히 남다른 개성을 보여주는 브랜디다.

세계의 브랜디

그 외의 스피릿
OTHER SPIRITS

특이하고, 놀랍고, 단숨에 마시기 좋은 술 이야기

지금까지 우리는 스피릿의 세계 여기저기에서 흥미진진한 여행을 펼치며, 뛰어난 스피릿 들을 발굴해내고 이런 다양한 스피릿을 생산해낸 이들의 가슴 속 숨겨진 열정을 들여다보 았다. 하지만 수많은 애주가들의 지도에 그 존재가 표시되어 있지 않은 스피릿들도 있다. 다시 말해, 잘 알려지지 않았거나 접해볼 기회가 없었던 그런 스피릿 말이다. 그런 의미에 서 이번 챕터에서는 정말로 독특하고 개성적인 스피릿을 소개하려 한다. 특히 동남아시아 에 중점을 맞추려 하는데, 그중에는 그 이름조차 생소함에도 불구하고 놀랍게도 역사상 최 고의 베스트셀러로 꼽히는 스피릿도 있다.

북유럽인이 선택한 술, 아쿠아비트

향기와 풍미 모두 기억과 연관되어 있다는 사실은 잘 알려진 상식이다. 이 아쿠아비트 (aquavit)가 전에 맛본 적 없는 생소한 술이라면 테이스팅 노트를 써볼 것을 권한다. 사실 우리에게는 이런 테이스팅 노트 작성이 생활화된 일이라 하는 얘긴데 당신도 그 느낌을 느껴봤으면 좋겠다. 아마 잠재의식 속을 여행하는 느낌이 들 것이다. 잔에서 향이 피어오를 때 종종 그 향이 어떤 특별한 기억을 연상시켜 주기도 해서 기억과 연관된 테이스팅 노트를 쓰게 될 수도 있다.

노르웨이인들의 숨결

↓

예를 들어 우리가 특별한 테이스팅 노트에서 즐겨 이용하는 기어은 '〈스타워즈〉 피규어'와 연관된 기억이다. 〈스타워즈〉 피규어는 포장상자를 여는 순간 그 내용물의 냄새들이 방 안에 확 퍼지면서 눈앞에 등장하는 것이라곤 어지럽게 섞여진 플라스틱, 페인트, 접착제, 보드지, 조립 설명서뿐인, 정말 단순한 물건이다. 아무튼 우리 두 사람에게는 우리의 어린 시절로, 그것도 상상의 캐릭터인 플라스틱 피규어처럼 단순한 물건만으로도 너무나 즐거워했던 그 시절로 데려다주는 향의 스피릿이 몇몇 있다.

스피릿 탐험가인 우리 두 사람 중 한 명(조엘 해리슨)에게는 가족의 크리스마스 모임에 대한 기억을 자주 떠올려주는 향이 있는데, 바로 아쿠아비트다. 조엘의 가족은 영국의 집에서 노르웨이를 재현시켜 놓거나, 한 해씩 걸러 실제로 그곳에 간다. 노르웨이가 그의 크리스마스 가족 모임에서 큰 부분을 차지하는 것이다. 그래서 아케비트(akevitt)나 아크바비트(akvavit), 또는 가장 널리 알려진 명칭대로 아쿠아비트라는 노르웨이의 국민주가 그의 어린 시절의 기억을 깨우는 데 특별한 역할을 해준다.

역사 한 토막

↓

크리스토페르 블릭스 함메르(Christopher Blix Hammor)는 현대 아쿠아비트의 아버지고고 일컬어진다. 함메르는 다소 비대한 체격의 노르웨이 공무원이었고 1700년대에는 식물학자로서 코펜하겐 대학에 몸담고 있기도 했다. 또한 방대한 양의 문헌을 수집하면서 요리책을 쓰고 농부들을 위한 지침서를 펴냈다고 하는데, 특히 지침서 가운데는 정확한 증류법에 대해서나 농부들이 자신의 땅에서 수확한 허브와 향신료로 스피릿에 풍미를 더하는 요령에 대해 설명하는 내용도 있었다. 이런 지침의 결과로 탄생된 것이 바로 허브와 향신료 풍미를 띠는 투명한 빛깔의 스피릿, 아쿠아비트였고 이 스피릿은 처음엔 온갖 질병의 치료약으로 이용되었다가 나중엔 디제스티프(Digestifs, 서양요리의 정찬에서 식후에 소화를 촉진하기 위해 내는 술)로 애호되었다.

제조법

↓

제조법은 다른 곡물 스피릿들과 비슷해서, 일부 아쿠아비트는 구리 단식 증류기에서 제조되는가 하면 보다 효율적인 연속식 증류기를 이용해 증류되는 아쿠아비트도 있다. 요즘 생산되는 아쿠아비트는 대부분이 오크통에서 더 숙성되면서 풍미가 더해지고 거친 풍미가 가다듬어진다.

그 외의 스피릿

어떤 맛일까?
↓

아쿠아비트는 풍미와 향이 아주 독특하다. 곡물
(밀이나 호밀)이나 감자를 원료로 쓰는 아쿠아비
트는 북유럽 어디에서건 그 지역에서 채취된 허
브와 향신료를 써서 풍미를 더한다. 진과 마찬가
지로 모든 제조법이 기밀로 엄수되어 덴마크, 노
르웨이, 스웨덴 간에는 국가별로 미묘한 차이를
갖지만, 진의 주니퍼처럼 예외 없이 캐러웨이를
풍미의 중심으로 삼으면서 여기에 카더몬, 쿠민,
스타아니스, 고수, 펜넬(fennel), 딜(dill) 등의 다
른 허브나 향신료들을 혼합시킨다.

전통적으로 북유럽에서는 아쿠아비트
를 냉동실에서 차갑게 냉각시켜 놨다가 해산물이
나 양갈비 같은 기름진 고기에 곁들이거나 디제
스티프로 마시며, 때로는 차가운 맥주와 곁들이
기도 한다. 하지만 요즘엔 코냑이나 고급 위스키
를 음미하는 방식처럼 아쿠아비트를 즐기는 트렌
드가 점점 확산되고 있으며 특히 오래된 셰리통
에서 12년 이상 숙성시키는 길데 논 플러스 울트
라(Gilde Non Plus Ultra) 같은 장기 숙성 아쿠
아비트의 경우에 그런 트렌드가 더 강하다.

아쿠아비트 한 병으로 노르웨이인들의 숨결을 느껴보시길

중국의 스피릿, 백주

중국의 신흥 시장은 우리가 스피릿 세계에서 아직 답파해보지 못한 지역이다. 스피릿 시장에 대해 조사한 한 사업계획 연구보고서에서 지적했다시피 중국은 매력적인 시장이다. 이전까지 상당수의 외국 수입품에 문을 닫아걸었던 중국에서 뛰어난 품질의 스카치위스키, 코냑 같은 다크 스피릿의 판매가 가능해지면서 이런 스피릿을 다루는 수많은 제조자와 배급업자들이 호황기를 누리고 있다. 이들은 자신들의 스피릿이 슈퍼프리미엄급으로 자리 잡도록 성공적으로 입지를 다지면서 시장 잠재성이 어마어마한 나라에서 큰 폭의 이윤을 내고 있다.

실제로 최근에 최고급 스피릿 제조사의 대표를 만났다가 들은 얘기인데, 앞으로 2년 사이에 중국에서의 자사 상품에 대한 수요가 3% 이상 오를 경우 물량이 부족해서 국내 시장은 물론이고 서구 시장에서조차 제품을 못 팔게 될 지경이라고 했다. 영국과 프랑스 등의 시장에서 싱글몰트 스카치위스키 같은 상품의 가격이 급등하게 된 주된 원인도 중국의 수요 때문이다.

하지만 중국에도 어엿한 자국의 스피릿, 백주(白酒, baijiu)가 있다. 백주는 여러 가지 곡물을 원료로 쓰는 스피릿으로, 주로 밀, 보리, 수수를 사용하고 더러 쌀이나 콩도 쓴다. 또한 도기 항아리에 담아 지하실에서 발효시키기도 한다.

제조법

↓

백주는 대개 연속식 증류기로 증류되지만 나무로 만들어진 중국의 전통적인 증기가열식 증류기를 이용하는 생산자들도 많다. 증류가 완료되면 도기 단지에 담겨 숙성되는데 이 도기 단지는 나무통처럼 다공성 소재여서 백주가 숨을 쉬며 원숙하게 익어가도록 해준다. 뿐만 아니라 백주 생산자들이 다양한 숙성의 제품을 출시할 수 있도록, 그래서 인기 높은 수입 스피릿과 어깨를 나란히 견주는 한편 수집 가치가 있는 희귀 빈티지에 대한 또 다른 수요를 자극할 수 있도록 해준다.

백주는 향의 형태에 따라 농향형(濃香型), 청향형(清香型), (다른 스타일에 비해 발효기간이 더 긴) 장향형(醬香型), 미향형(米香型), (중국 북부 지역의 생산자들 사이에서 선호되는 풍미 혼합 스타일인) 기타 향형(香型)의 다섯 종류로 분류된다.

이런 다양한 백주 중에서 크게 호평받고 있는 브랜드에 속하는 마오타이(茅台酒)는 강렬하면서도 달콤하며 장형 계열의 향을 띤다.

백주에 대한 수요가 치솟자 글렌모렌지(Glenmorangie)와 아드벡 같은 프리미엄 싱글몰트 스카치위스키와 모에 샴페인의 소유회사인 루이뷔통 모에 헤네시(Louis Vuitton Moët Hennessy, LVMH)은 웬준(文君, Wenjun)이라는 중국의 증류주 브랜드를 인수했다. 그 뒤를 이어 세계의 선도적 주류 회사이자 조니 워커와 스미노프 소유 회사인 디아지오(Diageo)도 똑같은 행보를 취하면서 현재 백주의 또 다른 선두 브랜드인 촨싱(全興, Quanxing)의 주식을 51% 보유하고 있다.

어떤 맛일까?

↓

백주는 직접 맛을 보지 않으면 제대로 이해할 수 없다. 백주는 허브 특유의 풍미가 느껴지고 과일 풍미도 살짝 감돌며 때때로 약 같은 느낌을 주기도 한다. 또한 장형 계열의 향이 독특하면서도 감칠맛 나는 풍미를 선사한다. 백주는 서양 사람들의 기호에는 아주 호감이 갈 만한 스피릿이라고 말하기 어렵지만 중국 소비자들에게는 호소력이 높다.

일본의 국민주, 쇼추

이번 주인공은 일본의 더 유명한 술인 사케가 아니라 쇼추다. 쇼추는 일본 자국에서 인기가 대단하다. 하지만 일본산 위스키에 대한 세계적 찬사가 높아지는 것과는 달리 이 화이트 스피릿은 일본 본섬 밖으로는 입지를 넓히지 못하고 있다.

제조법

↓

주로 보리, 쌀, 메밀, 감자를 증류시켜 만들며 제조 방식이 크게 두 가지로 나뉘는데 연속식 증류와 단식 증류이다. 먼저 연속식 증류 방식은 아주 상업적이고 마시기에도 부담이 없는 스타일이다. 과일이나 곡물의 혼합 베이스를 원료로 증류하여 알코올함량 36% 미만으로 출시해야 하기 때문이다.

한편 단식 증류 방식은 병입 시의 알코올함량이 45% 이하이고 단식 증류기를 사용해야 하기 때문에 스피릿의 느낌을 훨씬 더 많이 느끼게 해준다. 증류 후에는 숙성을 거치는 경우도 있지만, 대개 숙성과 물을 섞어 넣는 과정 없이 바로 병입되며 마실 때도 희석시키지 않은 채 스트레이트로 즐긴다.

어떤 맛일까?

↓

쇼추의 생산자들은 현재 일본에서 사케보다 더 많이 팔리는 것이 바로 쇼추라고 강조하지 못해 안달이긴 하지만 쇼추와 사케의 풍미 프로필은 다소 비슷해서, 말린 꽃 특유의 달콤한 맛이 났다가 뒤이어 해초가 자라는 해안에서 맡아지는 향, 발효시킨 과수원 과일의 향이 느껴진다. 쇼추는 꽤 훌륭한 스피릿이라, 일단 그 문화에 젖어들고 나면 편안하게 마실 수 있을 것이다.

쇼추는 눈이 돌아갈 만큼 스타일이 다양하며 저마다 독특한 풍미 프로필을 띠고 있어 음식과 궁합을 맞추기에 이상적이다.

세계 최고의 인기를 자랑하는 스피릿, 소주

세계 최고의 인기라니, 주변에서 마시는 사람을 못 봤는데 무슨 소리냐고? 우리가 스피릿 세세에 대대 이리둥 길히게 들린 만한 말을 꺼낸 게 지금이 처음은 아니지만, 독자에 따라 위의 부제목 내용이 지금까지 중 가장 별난 소리처럼 들릴지 모르겠다. 하지만 거짓말 하나 안 보탠 진실이다. 정말로 한국산 스피릿, 소주는 세계에서 가장 많이 팔리는 술이 맞다. 믿기 어렵겠지만 영국 유력 주류 전문지 〈드링크스 인터내셔널(Drinks International)〉의 최근 보도에 따르면 소주의 최대 인기 브랜드 진로가 2012년에 자그마치 6,500만 상자의 판매를 기록하며 차순위 주자들을 멀찌감치 따돌리고 1위에 올랐다. 이 정도의 판매 기록이라면 사실상 5억 리터 이상에 상당하는 양이다. 정말 신기하고 별난 스피릿이다. 안 그런가?

하지만 한국에 살고 있거나, 아니면 적어도 방문한 적이 있는 경우가 아니라면 소주를 맛볼 만한 기회가 없을지 모른다. 대부분의 양이 한국 내에서 소비되고 외국으로 나가는 양은 조금밖에 안 되기 때문이다. 하지만 상대적으로 낮은 알코올 도수 덕분에 특히 '희석' 스타일의 소주는 20-25% 정도에서 병에 담기는데, 그 덕분에 미국에서는 스피릿에 부과되는 높은 의무 판매 가격을 교묘히 피하고 있으며 미국에서의 인기도도 빠르게 상승세를 타는 중이다. 얼음을 채워 마셔도 괜찮고 토닉 워터나 콜라와 섞어도 잘 어울려서 점점 많은 미국인들이 소주를 즐기고 있으며 아예 미리 혼합되어 나오는 캔 제품까지 출시되었다. 한국에서는 맥주와 함께 섞어 마시는 방식 또한 인기이다.

제조법
↓

소주는 두 가지 스타일로 주정을 원료로 만든 소주와 쌀, 보리, 조 등의 곡물로 만든 증류식 소주가 있다. 쉽게 접할 수 있는 진로 또는 롯데에서 만든 소주는 쌀을 원료로 하기보다는 주정(타피오카나 당밀을 주원료로 제조한 85도 이상의 알코올)에 쌀을 원료로 만든 증류식 소주를 아주 소량을 넣어서 만든다. 쌀을 원료로 만든 소주는 증류식 소주로 안동 소주가 대표적이다.

어떤 맛일까?
↓

순한 보드카와 풍미 프로필이 비슷하다. 즉, 그다지 풍미가 강하지 않다. 약간 톡 쏘는 알코올이 혀를 자극하며 여기에 더해 가볍게 발효시킨 화이트 와인의 느낌도 살짝 감도는 듯하다.

하지만 신선한 주스나 청량음료에 짜릿한 맛을 더하는 용도로 사용하기에 무난해서 외국에서는 알딸딸한 취기보다는 술의 용도에 더 관심을 갖는 젊은 세대에게 저항하기 힘든 매력을 발산하고 있다.

소주는 중성적 풍미의 보드카처럼 여러 가지
다양한 스타일의 베이스로 사용하기에 유용하지만
차게 해서 스트레이트로 마셔도 좋다.

인도 고아(Goa)의 영적인 동무, 페니

정신적 깨달음을 얻는 방법에는 여러 가지가 있겠지만, 단언하건대 고아에서는 페니를 동무로 삼는 것이 가장 좋은 방법이다. 페니(feni, 또는 fenny)는 인도 서부의 이 작은 해안 지역에서 가장 사랑받는 술이다. 고아를 찾게 된 사람들이 이 페니에 마음이 끌리는 주된 이유는 현지가 아니면 구경하기 힘들다는 희귀성 때문이다. 하지만 이런 지역 한정성에도 불구하고 약 6,000개에 이른다는 수많은 증류소에서 여러 가지 다양한 종류와 품질의 페니를 만들어내고 있다.

제조법
↓

페니는 캐슈 애플(cashew apple, 크기가 더 작고 훨씬 더 딱딱한 캐슈너트와 혼동하지 마시길)의 즙을 발효·증류시켜 만드는데 그 독특한 풍미 덕분에 고아의 증류업자들은 테킬라나 서머싯 사과주 브랜디처럼 원산지 명칭을 보호받게 되었을 뿐만 아니라 페니를 각별히 사랑받는 국민주의 반열에 올려놓았다. 페니의 생산자들 대다수가 농촌식의 생산 환경을 취하고 있는 까닭에 페니의 제조법은 예나 지금이나 변한 것이 없다. 이를테면 예전에 그랬듯 현재도 잘 익은 캐슈 애플을 발로 밟아 으깬 후 묵직한 추로 과육을 압착해 달콤한 즙을 추출해내는 방식을 쓰고 있다. 추출된 즙은 최대 3-4일간 천연 발효시켰다가 구리 단식 증류기로 옮겨 3차까지 증류하여 최종 알코올함량이 약 45%에 이르게 된다.

고아 북부는 캐슈 애플 페니를 제조하는 영세 증류소의 수가 무려 4,000개에 달하지만, 이 증류소들 외에 고아의 해안 지대 곳곳에서 무성하게 자라는 코코야자나무에서 채취한 수액을 원료로 페니의 색다른 변종을 생산하는 증류소가 적게 잡아도 2,000개나 더 있다. 최근에는 페니의 제조 풍토에 변화가 일기 시작했는데, 대형 브랜드들이 페니를 프리미엄 상품화시키려는 목표를 세우며 전문가들 사이에서 점점 인기가 높아지고 있는 테킬라나 메즈칼의 모델을 따르려 힘쓰고 있다.

물론 넘어야 할 난관이 있다. 고아 이외의 지역에서 페니를 구할 수 없다는 한계다. 페니가 여전히 '국가의 술(country liquor)'로 구분되어 있어서, 다시 말해 태평양 연안의 몇몇 도시를 제외한 인도 이외의 지역에서는 판매가 금지되어 있는 탓에 지금껏 겨우겨우 서양의 소매점에까지 제품을 진열시키는 데 성공한 브랜드는 한두 곳에 불과하다.

어떤 맛일까?

↓

아주 달콤하다. 또한 맛의 깊이감은 약간 얕지만 아주 상큼한 느낌을 주면서, 막 자른 청사과 같은 향과 뚜렷한 견과류 특유의 풍미가 전해진다. 다만, 견과류 특유의 풍미는 처음 그 맛에 익숙해지기까지는 시간이 좀 걸릴 수도 있다. 고아에 갔다가 페니를 발견하게 된다면 비공식적인 제품에 주의해라. 이런 제품에는 알고 나면 기겁할 만한 불쾌한 성분이나 수상쩍은 첨가물이 들어가 있을지도 모르니 말이다. 우리의 생각을 덧붙이자면, 페니는 얼음을 채운 롱드링크의 재료로 쓰거나, 다른 술의 풍미를 더해주거나, 다른 스피릿과 주스에 섞어 칵테일로 마시는 방식이 잘 맞는 것 같다.

페니는 주 원료가 캐슈 애플이며 고아에서 대단한 사랑을 받고 있다.

상대적으로 생소한 추천 스피릿 5선

증류주는 그 진정한 고향이 어디인지 따지는 것에 얽매이지만 않는다면, 국경이 없는 세계다. 아니, 원한다면 '산 프롱티에르(sans frontières, 국경 없는) 우드비'를 생산하고 있다고 말할 수도 있다.

증류법은 전 세계의 수많은 나라들에서 채택하여 변형시켜 왔다. 그런 의미에서 이번엔 전 세계적 관점에서 상대적으로 생소한 풍미의 스피릿을 살펴보도록 하자. 북유럽 국가에서부터 한국에 이르기까지 여러 나라의 스피릿들이다. 스피릿의 세계란 정말로 글로벌하지 않은가?

리솔므 리니에 아쿠아비트
LYSHOLM LINIE AQUAVIT
41.5% | 노르웨이

노르웨이에서 통숙성 아쿠아비트가 생산되기 시작한 것은, 1805년에 서인도 제도와의 교역을 위해 떠났던 항해가 계기였다고 한다. 1807년에 배가 돌아왔을 때 아쿠아비트 판매업자들이 아쿠아비트가 담겼던 통을 열어 봤다가 선상에서의 숙성이 아쿠아비트에 긍정적 영향을 미친 사실을 알게 되었다. 깊고 풍부한 풍미로 숙성된 이 아쿠아비트에 고무되었던 요르겐 B. 리솔므(Jorgen B. Lysholm)는 1821년에 직접 증류소를 세운 뒤에 리솔름 리니에 아쿠아비트(Lysholm Linie Aquavit)를 만들어냈고, 그 후엔 숙성이 더 원활이 이루어지도록 일부러 남미로 향하는 배에 실으며 다녀오길 기다리기로 했다.

현재 리솔름 리니에 아쿠아비트는 감자 베이스를 원료로 써서, 캐러웨이, 아니스 열매, 펜넬, 고수의 풍미를 띠는 스피릿으로 제조되고 있다. 이전에 올로로소 셰리(oloroso sherry)의 숙성통으로 쓰였던 통에 채워 넣어 달콤한 바닐라 풍미를 살짝 더해주기도 한다. 또한 이렇게 채워진 통들은 배의 갑판에 실려 적도를 두 차례 가로지르는 동안 기온 변화, 습기, 험한 날씨에 시달리며 바다에서 4개월 반을 보내는데 이때, 이리저리 흔들리는 배의 움직임은 배의 숙성을 촉진시켜준다. 어떤 때는 이렇게 배에 실려 해상 숙성되는 통이 천 통이 넘기도 하단다.

그 외의 스피릿

진로 소주
JINRO SOJU
25% | 한국

세계에서 가장 많이 팔리는 스피릿 브랜드인 진로는 판매 면에서 보면 으르렁거리는 호랑이일지 모르지만, 입안에 머금을 때는 가르릉거리는 새끼 고양이 같다. 상대적으로 낮은 알코올함량이 미뢰를 약하게 자극한다. 이 소주는 스트레이트로 마시면 신선하고 상쾌한 느낌을 주면서 가볍게 발효된 곡류의 풍미가 감돌고 아주 드라이한 여운을 남긴다. 확실히 다크 스피릿 애호가의 취향엔 맞지 않을 것이다. 하지만 다른 재료들과 혼합해서 약간의 탄산수, 그리고 생라임이나 과일주스를 섞어 아주 시원하게 롱드링크로 조주하면 뜨거운 여름날에 제격이다.

카즈카 페니
KAZKAR FENI
40% | 인도 고아

고아 이외의 지역에서는 실제로 페니를 수입해 파는 소매점이 극히 드물기 때문에 찾기가 아주 까다로울 수도 있다. 우리도 런던의 한 레스토랑에서 치니 란(Chini Raan, 서서히 익혀서 만드는 맛좋은 양 정강이살 요리)이라는 고아의 일품 요리를 먹으며 어렵사리 한두 잔 맛볼 수 있었다. 따라서 비행기를 타고 직접 가서 맛보는 방법이 최선의 차선책일 것이다. 혹시 그럴 경우를 위해 미리 살짝 귀띔해주자면, 이 브랜드는 고아에서 가장 농촌식인 스타일의 페니는 아닐 수도 있지만, 스트레이트로 마시면 발효된 사과, 으깬 헤이즐넛의 향이 아주 강렬하고 스피릿 특유의 풍미가 절제되어 있다. 고아 이외의 지역에서는 혼합주의 용도로서 그 잠재성이 빛을 발할 듯하다. 모히토의 베이스로 이용해 탄산수와 함께 약간의 사과즙을 혼합해서 마셔보면 그 잠재성이 느껴지기 시작할지 모른다.

이치로 프라스코 쇼추
IICHIRO FRASCO SHOCHU
30% | 일본

보리를 섞어 증류시키고 탁월한 제조법이 집약된 프리미엄급 쇼추로, 환상적인 풍미를 선사한다. 단 한 번만 증류되지만 다소 일본식인 독특한 공정을 거치면서 알코올함량이 약 45%까지 나온다. 증류가 끝나면 천연 생수로 희석시키는데, 이렇게 해서 완성되는 기막히도록 부드럽고 일관적인 풍미는 세계적으로 몇 개의 상을 수상했을 뿐만 아니라 일본에서 두터운 열혈 팬층을 확보했을 정도로 일품이다.

쉬징팡 웰베이 백주
SHUI JING FANG WELLBAY BAIJIU
52% | 중국

'기네스 세계 기록'에 세계 최고(最古)의 증류소로 기록되어 있는 쉬징팡은 역사가 600년이 넘는다. 1998년의 고고학적 발굴 당시에 건조실, 발효 구덩이, 아궁이, 나무 기둥, 증류기 기부(基部)가 완벽하게 보존된 상태로 발견되었다. 이 백주는 증류의 개념이 세상의 다른 지역으로 퍼지며 진, 위스키, 브랜디 등의 풍미 풍부한 술이 등장하기 전의 증류주가 어땠을지 느껴보는 의미에서 그 맛을 음미해볼 만한 가치가 충분하다.

이 제품은 육각형 모양의 병 받침이 인상적인데, 이 육각형은 증류소가 위치해 있는 쓰촨성 성도(四川省 成都, Sichuan Chengdu)의 여섯 곳의 유적지를 상징한다.

그 외의 스피릿

칵테일 비터
COCKTAIL BITTERS

스피릿계의 조미료

어느 바에 가든 거의 예외 없이 바텐더 뒤편에 뭔지 모를 다양한 모양의 미니 병들이 쭉 놓여있고, 병들마다 대개 눈에 확 띄는 라벨이 붙어 있다. 심지어 어떤 병은 병 안의 강한 진액을 소량씩 덜어내는 용도가 분명해 보이는, 무슨 과학 실험을 연상시키는 피펫(주로 액체를 옮길 때 사용하는 가늘고 긴 실험 기구) 모양의 기구가 달려 있기도 하다. 대체 이런 병들의 정체가 뭘까?

      바텐더의 세계에서 사실상 없어서는 안 되는 칵테일 비터다. 사실, 이 보물과도 같은 귀한 용액을 치워 버린다면 바텐더로선 아주 난감해질 것이다. 150여 년에 걸쳐 우리들이 즐겨 왔던 클래식 칵테일들 대부분이 칵테일 비터 없이는 조주가 거의 불가능해지니 말이다. 칵테일 비터는 바텐더에게 소금이나 후추와도 같은 존재. 칵테일의 풍미를 잡고, 그 풍미를 더욱 뚜렷하게 돋보이도록 해주는가 하면 스피릿, 단맛, 향신료 등의 다양한 풍미 사이에서 독특한 균형을 잡아주기 때문이다.

비터 이야기

작은 병 안에 담긴 비터는 강렬한 풍미와 향을 품은, 그야말로 괴력의 진액이다. 현재 시중에 피는 비터의 대부분은 몇 백 년에 걸쳐 내려온 레시피의 현대식 비전으로, 향기 그윽한 허브, 향신료, 뿌리, 수피(樹皮)를 블렌딩하여 도수 높은 스피릿에 담가 그 식물들 특유의 풍미를 추출해낸 것이다.

아마 세계 최고의 인기 브랜드일 앙고스투라 비터스(Angostura Bitters)는 그 레시피의 역사가 1830년경으로 거슬러 올라가는데, 처음엔 베네수엘라 군대용의 만병통치 강장제로 개발되었다. 당시에는 쌉쌀한 허브, 수피, 향신료를 비롯해 사람들이 흔히 걸리는 질병에 치료 효과가 있는 것으로 여겨졌던 여러 재료를 우려낸 이 비터를 물에 섞어 팅크제처럼 마셨다. 또 많은 의사들이 옛날식 독감 주사에 상응하는 처방으로 이용하기도 했다.

흥망성쇠와 부활

↓

비터는 19세기 내내 인기가 점점 높아졌고 여기에 편승해 수백 개의 브랜드가 자양강장제와 원기회복 약으로 유명세를 탔는데, 특히 미국에서 이런 현상이 두드러졌다. 하지만 병을 고칠 수 있다고 입증하기 힘든 사이비 주장들이 난무하자 급기야 1906년에 식품 및 약품위생법(Pure Food and Drug Act)이 시행되면서 대다수 비터 제조사들의 떠돌이 약장수식 '사이비 만병통치약' 선전은 종지부를 찍게 되었다. 결국 거의 하룻밤 사이에 비터에 대한 신뢰가 무너져 내렸고 그 타격으로 앙고스투라 비터 같은 몇몇 브랜드들만이 살아남아 현재까지도 경쟁적 우위를 선점하고 있다.

비터는 칵테일 재료로서 진가를 인정받지 못한 채 천덕꾸러기 대접을 받다가 1990년대에 이르러 몇 사람의 도전적인 바텐더들이 과거의 풍미와 옛 레시피를 재현하려는 열정을 펼친 덕분에 다시 바의 진열대로 복귀하기 시작했다.

칵테일 비터는 최근에 엄청난 부흥기를 누리고 있다. 바텐더들은 정향, 계피, 체리, 웜우드, 카더몬, 아니스 열매 같은 단일 품종의 비터를 조미료처럼 활용해 몇 방울만으로 칵테일에 특별한 풍미를 더한다. 더 쉽게 비유하자면 비터는 칵테일계의 〈핌프 마이 라이드(Pimp My Ride)〉에 상응한다. 이 작은 병 안의 강렬한 풍미를 통해 맞춤식의 특별한 술이 조주되니 말이다. 한마디로 말해, 덩치는 작을지 몰라도 위력이 대단한 녀석이다.

직접 비터 만들어보기

솔직히 말해 현대의 비터들은 레시피가 대부분 훌륭하다. 절제된 쓴맛이 베이스로 깔리고 그 위에 독특한 맛이나 허브 특유의 풍미가 더해져 있다. 하지만 자신만의 비터를 직접 만들어보는 일도 생각만큼 복잡하지 않다. 시간을 좀 내서 창의적 생각을 발휘해 자신이 원하는 풍미의 비터에 대한 전반적 그림을 그려보기만 하면 된다.

1. 식물의 특징 알아보기

몇몇 천연 허브와 향신료는 겉보기엔 무해하게 보이더라도 잘못 다루었다간 독소가 나올 수 있다. 따라서 가장 먼저 해야 할 일은 미국약용식물협의회(American Botanical Council)의 홈페이지인 herbalgram.org에 들어가 보는 것이다. 주의와 안전을 위한 가이드라인 자료가 방대하게 올려져 있으니 참고하기 바란다. 칵테일을 맛보기도 전에 독에 중독되어 버리면 무슨 소용인가? 안전성이 확실치 않은 재료라면 빼버리는 편이 낫다. 참고로, 주목(朱木) 열매 같은 베리류는 독성이 아주 강하다.

2. 식물의 배합

깨끗한 병을 최대한 많이 가져다놓고 병마다 말린 식물들을 각각 약 5g씩 담는다. 처음엔 생각의 폭을 최대한 넓혀보라. 우리의 추천 식물 목록을 참고하면 다양한 풍미의 선택에 도움이 되겠지만 주방 수납장을 뒤져서 어떤 것들이 있는지 보면서 직접 영감을 발휘해보길 바란다.

3. 우려내기

추출용으로 가장 좋은 스피릿은 도수가 강한 보드카다. 식물의 풍미에 영향을 미치지 않는다는 점에서 용도에 잘 맞는다. 양은 식물 5g당 약 10㎖ 정도가 좋다. 각각의 병에 보드카를 채우면, 이제 기다릴 일만 남았다. 농후한 특징의 식물일수록 더 정교한 추출액이 얻어진다. 우려지기 시작하는 속도는 식물에 따라 더 빠르거나 더디다. 또한 경험상의 지침을 덧붙이자면, 주기적으로 확인해보면서 2주쯤 지나면 기대하던 결과가 나타날 것이다. 순한 식물은 우러나오는 과정이 비교적 빨리 중단되는 반면 농후하고 나무 특유의 풍미가 밴 식물은 좀 더 늦게까지 우려진다.

보드카보다 더 도수가 높은 럼이나 위스키로도 실험해보길 바란다. 특히 바닐라와 계피를 우릴 때는 표준 도수를 넘는 다크 럼이 잘 어울리는 짝이다.

4. 비터의 레시피 짜기

자, 이번엔 커피 여과지를 이용해 추출액을 거른 다음 각각의 추출액을 어떻게 배합할지 구상해보는 신나는 시간이다. 먼저 안젤리카나 용담 추출액으로 쓴맛의 토대를 깔아놓은 다음에 계피의 풍미를 더한 후 다른 풍미들을 더해 비터에 특색을 부여하는 식으로 하면 된다. 단, 약간의 양만으로도 그 위력이 대단하다는 점은 꼭 명심할 것. 특히 생긴 건 귀엽게 생겼어도 아주 위압적인 풍미를 지니고 있는 녀석, 카더몬에 더 주의하도록.

레시피를 짤 때는 약 50㎖의 용량을 기준으로 삼으면 된다. 병은 방울방울 조금씩 흘러나오는 방식의 입구를 가진 작은 병이 적당하다. 아로마테라피 전문점에 가보면 팔고 있거나 구입 가능한 곳을 알려줄 것이다. 새로 만든 비터를 인상적인 방법으로 과시해 보이고 싶다면 urbanbar.com에 들어가 보길 추천한다. 이곳에서 비터용 작은 디캔터를 팔고 있는데 가격은 비싸지만 정말 탐날 만큼 멋지다.

비터용 최적의 식물

용담, 또는 안젤리카 뿌리
강렬한 쓴맛

블랙 페퍼콘(black peppercorn)
진한 향신료 풍미와 화끈한 느낌을 선사함

카더몬 깍지
뛰어난 향과 은은한 멘톨 풍미

바닐라 깍지
버터 같은 느낌의 캐러멜 풍미와 은은히
느껴지는 쓴맛

스타아니스
말린 아니스 열매의 풍미

말린 과일(건포도 + 대추야자)
깊이감이 살아 있는, 짙은 단맛

계피
나무 및 흙 계열의 짙은 풍미

커피
흙 계열의 풍미와 토스트(구운 빵) 향

정향
스파이시하고 얼얼하며 흙 특유의 풍미가
배어있음

고수씨
훈훈한 느낌을 주면서도 그윽한 향신료 향

말린 레몬 껍질
강렬한 감귤류 껍질의 풍미

* 아주 특이한 향을 내고 싶다면 정산소종(正山小
種, lapsang souchong) 차를 활용해보길 권한다.
타닌 풍미를 띠는 아주 독특한 스모키 향을 내줄
것이다.

홉 비터

언젠가 우리는 인근의 눈에 잘 띄지 않는 곳에서 야생 홉이 자라고 있는 것을 발견하고는 홉 비터(Hop Bitter)를 만들어보자는 아이디어를 떠올렸다. 1870년대의 한 의학지를 훑어보다 발견했던 레시피를 변경해서 만들면 될 것 같았다. 홉은 원래 쓴맛이 있어서 칵테일 비터의 베이스로 아주 훌륭한 재료일 뿐만 아니라, 진과 잘 어울리는 독특한 꽃향기도 지니고 있다.

50㎖ 용량의 병을 기준으로 다음과 같이 식물을 추출하면 된다. 이 레시피의 홉 비터는 홉의 쓴맛, 카시아 수피의 나무 특유의 향, 정향의 훈훈한 느낌과 스파이시 풍미, 카더몬의 약제류 및 멘톨 계열 향이 독특한 균형을 이루며 여기에 생생한 풍미가 중심을 잡아주는 것이 특징이다.

재료
↓
- 카시아 수피 5g(1 작은 스푼)
- 말린 레몬 껍질 10g(2 작은 스푼)
- 말린 오렌지 껍질 10g(2 작은 스푼)
- 카더몬 5g(1 작은 스푼)
- 정향 5g(1 작은 스푼)
- 생홉 15g(1 큰 스푼)

* 티타임에 마티니가 생각난다면?
↓
홉 비터 몇 대시로 마티니 글라스 안을 코팅한 후 얼음을 채운 믹싱 글라스에서 진 50㎖와 얼그레이 시럽 5㎖를 블렌딩한다. 어떤가? 맘에 드는가?

증류업자에게 각별한 의미를 갖는 용어 21가지
THE 21 WORDS

증류업자들은 활동 무대와 제조 스피릿의 종류를 막론하고
작업의 원활한 진행을 위해 꼭 알아야 할 공통 용어들이 있다.
다음은 이런 필수 용어 가운데 간단히 21가지만 간추려본 것이다.

세금(Duty)

필요악. '불법 증류업자'에 의해 제조되는 스피릿이 아닌 한 모든 스피릿에 철저하게 부과되는 세금.

메탄올(Methanol)

모든 영웅 이야기에 꼭 등장하는 악당과 같은 존재. 증류업자들도 스피릿에 이 문제적 알코올 성분이 많이 함유되지 않기를 바란다. 메탄올은 함유량이 많으면 실명의 위험을 초래하거나, 최악의 경우 치명적일 수도 있기 때문이다.

발효(Fermentation)

효모가 곡물이나, 당밀, 와인 매시의 천연 당분을 먹고 알코올을 만들어내기 시작하는 아주 중요한 생화학적 작용으로, 증류 전의 과정.

알코올함량(ABV)

'Alcohol By Volume'의 약칭으로, 병의 전체 내용물 중 알코올이 차지하는 함량을 퍼센트 단위로 표시함.

생산량(Yield)

가지고 있는 원료에서 생산 가능한 알코올의 양을 최대화시키기 위한 차원에서, 증류업자라면 누구나 검토해야 하는 문제다. 한 예로, 테킬라 제조 증류업자는 테킬라의 원료인 블루 아가베 7kg으로 양질의 스피릿을 1리터밖에 얻지 못한다. 또한 몰트위스키 제조 증류업자는 맥아 1,000kg으로 최소한 410리터의 순수 알코올을 얻는 것이 보통이다.

알코올(Alcohol)

솔직히 말해 알코올이 없었다면 세상은 끔찍할 만큼 지루한 곳이 되었을 것이다. 안 그런가? 하지만 잠깐 진지하게 생각해보면 모든 스피릿에는 에탄올(좋은 알코올), 메탄올(나쁜 알코올), 퓨젤유(꺼림칙한 알코올) 등 여러 종류의 알코올이 들어 있다. 증류업자의 주된 임무는 증류액에서 좋은 알코올을 최대화시키는(메탄올과 퓨젤유가 미량만 남도록 모두 제거시키는) 일이다. 그래야 자신이 의도한 특정 풍미 프로필을 두드러지게 할 수 있다.

에스테르(Ester)

증류 중에 생성되는 화합물로서, 스피릿의 풍미를 형성하는 주성분. 위스키에서부터 브랜디에 이르기까지 여러 가지 스피릿에서 과일 향과 같은 향긋한 향을 내줌.

에탄올(Ethanol)

증류액에 함유된 알코올 성분 중 마셔도 안전한 성분. 모든 스피릿의 핵심이자 영웅과 같은 존재.

응축기(Condenser)

증류된 후의 뜨거운 증기를 다시 액체로 바꿔주는 필수 장비. 대체로 증류기와 연결되어 있음.

온도(Temperature)

온도를 잘못 맞춰주면 발효가 제대로 일어나지 않는 것은 물론이고, 증류기도 제대로 작동하지 않는다. 증류업자들이 아주 성능 좋은 온도기를 써야하는 이유다.

면허(Licence)

위스키 병의 라벨을 보면 대부분 'established'라는 단어 다음에 날짜가 찍혀 있다. 합법적 증류소는 반드시 이렇게 증류 면허를 받아야 하는데, 그런 인가 문구가 있다면 그곳에서 생산된 제품은 먹어도 생명에 지장이 없다는 뜻으로 여기면 된다.

일관성(Consistency)

두 가지 관점을 지니는 용어다. 대다수 증류업자들은 병입되는 최종 스피릿에 일관적인 풍미 프로필을 끌어내기 위해 애쓰는 반면, 스몰배치 방식에서는 배치별로 일관성 없이 미묘한 차이가 있는 풍미를 높이 평가한다.

증류기(Still)

모든 증류소의 중심적 존재. 구리 단식 증류기는 전 세계적으로 위스키, 브랜디, 테킬라 등의 여러 가지 스피릿 제조에 사용되고 있다. 한편 높이가 더 높고 더 효율적인 연속식 증류기는 더 짧은 시간 안에 훨씬 더 많은 양을 증류시켜 주는 장점이 있으며, 보드카, 그레인위스키, 럼의 생산에 활용되고 있다.

증류액(Distillate)

모든 증류업자가 심혈을 기울여 매달리는 액체로서, (아이러니하게도 무색투명한 빛깔이지만) 일명 수금(水金)으로 통함. 이런 증류액에는 제조자로부터 부여된 신상명세서인 일종의 스피릿 DNA를 지닌 풍미가 담겨지며, 그런 풍미의 종류는 수천 가지에 이른다.

컷포인트(Cut point)

증류업자가 증류액의 유용하고 풍미 가득한 '핵심(진수)'을 응축하기 시작해야 할 결정적 순간.

테일(Tails)

마지막에 나오는 증류액(즉, '후류액(feints)')으로, 비교적 무겁고 달갑지 않은 화합물이 섞여 있다. 증류업자는 해당 스피릿의 모든 유용한 풍미를 일관적으로 추출하기 위해 이 화합물을 분리해내 '헤드'와 섞어서 재증류시킨다.

프루프(Proof)

스피릿의 알코올 도수 단위. 이 'proof'는 과거에 증류업자들이 스피릿에 화약을 섞어서 스피릿의 강도를 '입증(prove)'하던 것에서 유래된 명칭이다. 최소한 '100 프루프', 즉 현재의 알코올함량(ABV) 57.1%가 되어야만 스피릿에 불이 붙기 때문이다.

퓨젤유(Fusel oils)

많은 양이 농축되어 있으면 인체에 해로울 수도 있는, 다소 꺼림칙한 알코올. 적은 양이 농축되어 있은 경우에는 숙취이 원인이 되기두 한. 증류액의 증류 막바지 단계에 가까운 시점에서 많이 생성되는 이 퓨젤유의 함량을 통제하는 것이 바로 증류업자의 기술이다.

헤드(Heads)

단식 증류기 증류 방식에서, 증류기에서 제일 처음 나오는 증류액을 '헤드'(또는 '초류액(fore-shots)')라고 함. 이 헤드에는 불순물이 섞여 있으며, 증류업자는 이 불순물과 증류액의 귀한 '핵심(진수)'을 분리시킨 후 재증류시킨다.

환류(Reflux)

증류기 안에서 스피릿이 부글부글 끓을 때 비교적 무겁고 달갑지 않은 화합물이 그 안에서 위로 올라가지 못하고 다시 아래로 가라앉는 것. 본질적으로 환류는 스피릿의 순도를 높여준다.

효모(Yeast)

물, 전분의 베이스 원료(맥아/곡류/당밀/포도 등)와 함께 스피릿 생산의 '삼위일체'를 이루는 한 요소. 최종 스피릿의 풍미 가운데 상당 부분은 효모의 작용에 은혜를 입는다.

감사의 말

건배,
치어스(Cheers),
스콜(Skål),
살뤼(Salut),
간빠이(Kampai),
프로스트(Prost),
친친(Cin Cin),
시 게순트(Sei Gesund)……

끝으로 우리를 도와준 아래의 '스피릿 탐험가'들에게 각별한 감사의 마음을 전합니다. 바쁜 시간을 내주고 끈기를 보여주는 것에서 그치지 않고, 스피릿과 관련된 자신의 뛰어난 재능까지 공유해준 점에 대해 정말로 고맙게 생각합니다.

Vic Grier, Caroline & Lois Ridley, Sissel & Stuart Harrison, Denise Bates, Jonathan Christie, Leanne Bryan and all the team at Octopus Publishing, Andrew Montgomery, Claudia Young at Greene & Heaton, Dr Nick Morgan, Pat Roberts, Ken Grier, Ed Bates, Amanda Garnham, Ron Cooper, Marcin Miller, Olly Wehring, Ben Ellefsen, Cat Spencer and the chaps and chapesses at Master of Malt, Sukhinder Singh, Alex Huskinson, Duncan Ross and all at Speciality Drinks, Tim Forbes, Dave Broom, Patricia Parnell, Carla Sever, Gerry's Wines & Spirits, Alice Lascelles, David Nathan Maiser, David T Smith, Bill Owens, Clay Risen, Ted Dwane, Desmond Payne, Jim Long, Ryan Chetiyawardana, Will and Oskar at Casita, Dan Priseman and the NOLA team, Darin Jones, Jeremy Stephens, Jeremy Gara, Tim Ridley, Neil Edwards, Chris Papple, Rob Allanson, Bernhard Schäfer, Tor Visnes, Halvor Heuch and the team at IWSC.

휴우... 한 잔 하실래요?

지은이

조엘 해리슨 Joel Harrison
닐 리들리 Neil Ridley

위스키에서부터 진, 코냑은 물론 색다른 주류에 이르기까지 다방면에 걸쳐 해박한 지식을 갖추고 있는 두 사람은 상을 수상하기도 한 웹사이트 'Caskstrength.net'에 위스키 관련 글을 게재 중이며 <위스키 매거진>, 〈임바이브〉, 〈월스트리트 저널〉 인도판 등의 여러 출판물에 글을 기고해오고 있다. 또한 두 사람은 월드 위스키 어워즈(World Whisky Awards)와 명망 있는 I.W.S.C. 어워즈(I.W.S.C. Awards)의 심사위원으로 선정된 경력이 있고, 스카치위스키에 대한 탁월한 기여를 인정받아 스카치위스키 업계의 최고 권위 단체인 '키퍼즈 오브 더 퀘익(Keepers of the Quaich)'의 회원으로 위촉되었다. 조엘 해리슨과 닐 리들리는 기존의 틀에 얽매이지 않은 독자적 정신으로 주류의 세계에 다가가고 있으며 지난 2년 동안 일본에서부터 리투아니아에 이르기까지 세계 곳곳에서 위스키를 비롯한 여러 스피릿의 시음회를 250회가 넘게 주최해왔다.

옮긴이

정미나

출판사 편집부에서 오랫동안 근무했으며, 이 경험을 토대로 현재 번역 에이전시 하니브릿지에서 출판기획 및 전문 번역가로 활동하고 있다. 주요 역서로는 《스티비 원더 이야기: 최악의 운명을 최강의 능력으로 바꾼》, 《인생학교: 정신: 온전한 정신으로 사는 법》, 《인생학교: 시간: 디지털 시대에 살아남는 법》, 《와인 바이블 - 와인을 위한 단 하나의 책》, 《성혈과 성배》, 《스캔들의 심리학》, 《패션 의상과 스타일의 모든 것》 등 다수가 있다.

스피릿,
증류주의 모든 것

1판 1쇄 인쇄   2024년 2월 5일
1판 1쇄 발행   2024년 2월 15일

지은이   조엘 해리슨, 닐 리들리
옮긴이   정미나
감   수   성중용
펴낸이   김기옥

실용본부장   박재성
편집 실용2팀   이나리, 장윤선
마케터   이지수
지원   고광현, 김형식

인쇄·제본   민언프린텍

펴낸곳   한스미디어(한즈미디어(주))
주소   04037 서울시 마포구 양화로 11길 13 5층
전화   02-707-0337 | 팩스   02-707-0198
홈페이지   www.hansmedia.com
출판신고번호   제313-2003-227호 | 신고일자   2003년 6월 25일

ISBN 979-11-93712-09-2   13590